MEDITERRÂNEOS INVISÍVEIS

Cristovam Buarque

Mediterrâneos invisíveis

Os muros que excluem pobres e aprisionam ricos

1ª edição

Rio de Janeiro | São Paulo
2016

Copyright © Cristovam Buarque, 2016

Design de capa: Sérgio Campante
Imagem de capa: Per-Anders Pettersson/Getty Images
Design de miolo e diagramação: Mari Taboada

Direitos de edição da obra em língua portuguesa no Brasil adquiridos pela EDITORA PAZ E TERRA. Todos os direitos reservados. Nenhuma parte desta obra pode ser apropriada e estocada em sistema de bancos de dados ou processo similar, em qualquer forma ou meio, seja eletrônico, de fotocópia, gravação etc., sem a permissão do detentor do copyright.

Editora Paz e Terra Ltda.
Rua do Paraíso, 139, 10º andar, conjunto 101 – Paraíso
São Paulo, SP – 04103-000
http://www.record.com.br

Seja um leitor preferencial Record.
Cadastre-se e receba informações sobre nossos lançamentos e nossas promoções.

Atendimento e venda direta ao leitor:
mdireto@record.com.br ou (21) 2585-2002

Texto revisado segundo o novo Acordo Ortográfico da Língua Portuguesa.

CIP-BRASIL. CATALOGAÇÃO NA FONTE
SINDICATO NACIONAL DOS EDITORES DE LIVROS, RJ

B931m

Buarque, Cristovam, 1944-
Mediterrâneos invisíveis: Os muros que excluem pobres e aprisionam ricos / Cristovam Buarque. – 1ª ed. – São Paulo: Paz e Terra, 2016.
176 p.; 21 cm.

ISBN 978-85-7753-354-1

1. Capitalismo. 2. Economia. 3. Mudança social - Refugiados. 4. Previsão social - Refugiados. 5. História social. 6. Civilização moderna. I. Título.

16-36770

CDD: 339
CDU: 330.101.541

Impresso no Brasil
2016

Às crianças que se afogam na tentativa
de cruzar os mediterrâneos invisíveis.

À ACNUR, Agência da Organização
das Nações Unidas para Refugiados, pela
heroica dedicação aos refugiados do mundo.

Aos membros do Hizmet, pela generosa
dedicação aos refugiados sírios.

À Gladys, pela companhia até a fronteira.

"Todos somos africanos e migrantes."

Michel Brunet, paleontologista e humanista francês

SUMÁRIO

Nota   11

A metáfora mediterrânea   13

Chernobyl, Mediterrâneo, Bhopal, Mariana   27

A batalha entre o Mediterrâneo e o Eufrates, a Rota da Seda
e o século XXI   37

Um longo percurso, um marido decapitado, um filho entrevado,
uma menina com os pés descalços no frio, um atentado terrorista
com pedra – e a possibilidade de uma boa globalização   47

O Mediterrâneo no agreste brasileiro   63

Os olhos das crianças, o arroz do Hizmet e o assalto
à modernidade provocado pelo erro do sucesso   67

A inteligência burra, os desafios no século XXI para
os políticos e a construção *planetania*   77

Planetania   91

A Era das Eras, a internacionalização da Terra,
os parlamentares sem fronteiras   97

A esquizofrenia do *Homo sapiens*, a quebra da semelhança,
os fabricantes da tragédia, a ressurreição de Adolf Hitler   111

Um Plano Marshall Social dentro do espírito da
teologia da harmonia do papa Francisco   125

A armadilha do Bataclan e a Europa cansada   141

A cidadela fatigada e o ausente grande romance
do Mediterrâneo   149

Triste Mediterrâneo: em busca de uma nave para o futuro   153

A esperança de outra chama provisória: um monumento
pela paz nos dois lados de cada Mediterrâneo invisível   165

Obras publicadas por Cristovam Buarque   169

NOTA

Em 2014, recebi um convite para viajar à Turquia com a finalidade de lançar meu livro *Reaja!*, traduzido para o turco. Manifestei ao coordenador da publicação, Mustafa Göktepe, meu desejo de aproveitar a viagem para visitar campos de refugiados sírios abrigados no país. Graças a ele foi possível ir de Istambul a Gaziantep, e daí a Kilis, na fronteira com a Síria.

Minha ideia era fazer um curto relato do que vi e ouvi. Pensava em reconstruir o caminho de milhares de pequenos Aylan Kurdi, o menino que mobilizou o mundo sobre o problema dos refugiados ao ser fotografado, morto, em uma praia da Turquia, após a travessia da fronteira da Síria com o Mediterrâneo. Mas percebi que a jornada pessoal daquele menino de três anos, sobre suas curtas pernas, era resultado da caminhada histórica dos seres humanos em busca dos benefícios de uma riqueza na qual não há lugar para todos. Fui levado a uma reflexão sobre o progresso, seus limites e suas alternativas.

Fiquei sem o artigo, mas com este pequeno texto, *reflortagem*, reportagem e reflexão, manifesto pedindo que o leitor *reaja* diante dos erros cometidos no passado, quando se construiu uma civilização socialmente excludente, depredadora, ecologicamente insustentável e injusta, egoísta e insensata.

Este texto é o resultado de minha curta caminhada próximo da fronteira entre a Síria e a Turquia, e de longas andanças tentando entender a evolução do mundo e das ideias. Dessas jornadas ficam o deslumbre, a indignação e a esperança de que é possível que o Mediterrâneo nos desperte e nos inspire novamente. Desperte-nos para a indecência de barrar imigrantes e para a impossibilidade de abrigar todos eles; inspire-nos na busca de um novo tipo de progresso, que permita que as pessoas não precisem emigrar, fugindo de guerras ou da pobreza.

Brasília, agosto de 2016.

A metáfora mediterrânea

No dia 5 de outubro de 2015, depois de percorrer os 850 quilômetros entre Istambul e Gaziantep e outros 60 quilômetros entre Gaziantep e Kilis, cheguei a uma das portas por onde os refugiados sírios deixam seu país devastado e entram na Turquia, no início da longa jornada, a pé e em frágeis barcos, com o objetivo de entrar e abrigar-se na Europa, fugindo da guerra e da fome. Quase todos já são náufragos, mesmo que o destino final não seja uma praia onde seu corpo morto vá ser depositado – como aconteceu com o menino Aylan Kurdi, de três anos, cuja foto, mostrando-o, "com sua camisetinha vermelha e bermuda azul, na turística praia de Bodrum, no mar Egeu, estendido sem vida", correu o mundo no dia 3 de setembro de 2015.[1]

---
[1] Andrés Horenza, de Istambul, para o jornal *El País* digital, 3 de setembro de 2015.

Aquele pequeno corpo é um símbolo da história da humanidade. Sua foto representa um momento emblemático da tragédia e da epopeia da civilização humana. Tanto quanto a foto da Terra vista da Lua no 24 de dezembro de 1968, tirada da nave espacial Apollo 8; do gesto libertador de um jovem alemão derrubando o Muro de Berlim, no dia 11 de novembro de 1989; ou do cogumelo da bomba atômica sobre Hiroshima, em 6 de agosto de 1945.

Aylan não foi a única criança a morrer naqueles dias tentando atravessar um mediterrâneo. Enquanto a família Kurdi era impedida de entrar no continente reservado aos europeus e Aylan era arrancado dos braços dos pais para ser jogado sem vida nas areias da praia de Bodrum, outro menino morria nos braços de sua mãe, Irislene Silva, também por falta de oxigênio, dentro de uma ambulância, na cidade de Petrolina, em Pernambuco, a 8.500 quilômetros de distância das ondas do Mediterrâneo, onde está o mar Egeu. Além dele, os jornais daqueles dias mostram que pelo menos nove crianças morreram em cidades do Brasil, impedidas de atravessar as portas de um hospital de qualidade, reservado apenas a quem pode pagar. No dia 8 de novembro de 2015, a BBC informava em seu jornal digital que nos dois meses seguintes à morte de Aylan outras 75 crianças escaparam das mãos de seus pais e morreram afogadas no Mediterrâneo. Em um único dia de janeiro de 2016, foram oito as crianças que perderam a vida naquelas águas. Um ano depois da morte de Aylan, a Ong Save the Children informou que 423 crianças e jovens com menos de 18 anos morreram na tentativa de cruzar o Mediterrâneo.

De um lado e outro do mundo, levadas por familiares, essas crianças tentavam atravessar o mar e os muros que cercam os hospitais e as escolas, a paz, o conforto e a riqueza, não importa em que país. Sem a espetacularização, a maioria das vítimas torna-se invisível pela banalização; inexistentes na consciência global porque não aparecem em cenas dramáticas na rede mundial de televisão, nos jornais e nas mídias sociais.

A cada minuto, tem sido negado aos migrantes o acesso a sistemas de saúde e educação de qualidade, a habitação, segurança, transporte, cultura e empregos. O mundo é um arquipélago de *pequenas europas* em um *oceano africano*. Mesmo na África, pequenas europas acolhem os ricos e excluem os pobres. Em todo o planeta há milhões de pequenos mediterrâneos invisíveis, como muralhas, separando abundância e escassez.

O mar Mediterrâneo, as barreiras policiais e os muros internacionais tentam obstruir a *imigração geográfica*, impedindo a travessia entre países; mas dentro de cada país, mesmo depois da bem-sucedida travessia espacial, a *imigração social* é impraticável. Com poucas exceções, os imigrantes que chegam ao território europeu vão se concentrar nas periferias das cidades, em condições quase tão socialmente excludentes quanto as de antes da travessia geográfica; em alguns casos, em situação ainda pior, quando se leva em conta a desesperança dos *imigrantes geográficos* transformados em *náufragos sociais*. Para eles, o Mediterrâneo continua mesmo depois que chegam à terra firme: nas calçadas dos centros urbanos, nos subúrbios das cidades, nos subempregos, no tráfico, afogando a vida de sobreviventes de uma travessia geográfica que não fazem a travessia social. A exclusão social continua de um lado ou de outro do mar. O periódico *Japan Times* publicou em 28 de novembro de 2015 uma foto que me impressionou, cuja legenda dizia: "Uma mulher e seus filhos esperam na chuva perto da fronteira grega, em Gevgelija, na Macedônia." Já em território europeu, ela e os filhos continuavam náufragos.

Durante o *apartheid*, era fácil distinguir o sul-africano pela cor da pele; a África do Sul era uma sociedade partida. Na *apartação*,[2] apesar da permanência da distinção social, a linha de separação é menos definida, mas não menos segregadora. As pessoas que vivem em uma sociedade apartada

---

[2] Sobre esse conceito, ver, do autor, *O que é apartação: o apartheid social no Brasil*, São Paulo, Brasiliense, 1993.

conhecem a fronteira que delimita o mundo dos incluídos e o mundo dos excluídos: uma complexa linha composta por fatores como grau de educação, tipo físico, postura, roupa, endereço etc. Assim como em uma sociedade de castas, cada pessoa reconhece a casta das outras.

O Mediterrâneo é apenas um minúsculo pedaço da imensa *cortina de ouro*[3] que serpenteia pelo planeta, separando os pobres dos ricos por muros e cercas entre "países ricos" e "países pobres", mas também separando doentes, crianças e moradores ricos dos doentes sem tratamento, das crianças sem escola e das famílias sem teto. Cada país, inclusive os mais pobres da África e a própria Síria, tem seus pequenos mediterrâneos dividindo pobres e ricos, barrando a *migração social* interna na busca pela abundância de bens e pela qualidade de serviços. Os mais pobres são *instrangeiros*[4] dentro de seu próprio país. O mar Mediterrâneo é apenas uma metáfora da *cortina de ouro*.

Apartação: A palavra tem origem no latim *partire*, que significa dividir em partes. Com base na raiz latina, no africâner resultou em *apartheid*, termo que definiu a concepção e o conjunto das

---

[3] Ver, do autor, *A cortina de ouro – os sustos do final do século e um sonho para o próximo*, Rio de Janeiro, Paz e Terra, 1998.
[4] Ver, do autor, *Os instrangeiros – A aventura da opinião na fronteira dos séculos*, Rio de Janeiro, Garamond, 2002.

normas que regularam o processo social e econômico, separando a população entre brancos, negros e mestiços. Em português, a palavra apartação foi usada no sentido de separar coisas e animais no estábulo; no seu sentido social, de uma sociedade partida, separando as pessoas por classe, como o *apartheid* separa por raças. Foi divulgada pela primeira vez em 1992, no livro *O colapso da modernidade brasileira e uma proposta alternativa*; outro livro, *O que é apartação – o apartheid social no Brasil*, publicado em 1994, consolidou o termo de modo a substituir a expressão *apartheid* social, utilizada para indicar o desenvolvimento separado entre incluídos e excluídos, como no caso do Brasil – e não entre brancos e negros, como no caso da África do Sul. O "Human Development Report", das Nações Unidas, de 1994, incluiu o termo na bibliografia a partir da tradução do livro *O que é apartação*. O centro do conceito de apartação está em que o desenvolvimento brasileiro não provoca apenas desigualdade social, mas uma separação entre grupos sociais. Esta ideia foi usada pela primeira vez, pelo autor, em uma nota na seção "Painel" do jornal *Folha de S.Paulo*, em 1987, ainda com a expressão *apartheid* social.[5]

Cortina de ouro: No dia 5 de março de 1946, em discurso proferido no Westminster College, na cidade de Fulton, Estados Unidos,

---

[5] Ver *Admirável mundo atual – dicionário pessoal dos horrores e esperanças do mundo globalizado*, São Paulo, Geração Editorial, 2001, p. 33.

Winston Churchill afirmou que "uma cortina de ferro desceu sobre a Europa". Essa expressão passou a ser empregada para indicar a separação entre o que seria o regime autoritário comunista pobre e o sistema liberal capitalista consumista. Alguns anos depois, o muro de Berlim se transformou no símbolo da separação entre o socialismo e o capitalismo, como se fosse a manifestação física da metáfora da cortina de ferro. Com a queda do muro e a volta do capitalismo na ex-União Soviética, o conceito de cortina de ferro ficou superado. Com a apartação, contudo, instala-se outra separação: entre os incluídos e os excluídos. Uma cortina de ouro desceu sobre o mundo inteiro, separando os que ingressaram na modernidade e suas vantagens e os que ficaram fora dela. Não se trata de uma cortina separando países – a cortina de ouro atravessa cada país, separando grupos sociais dentro do mesmo espaço nacional, unindo os ricos em um primeiro mundo internacional dos ricos e separando os pobres, que formam um arquipélago *gulag* social.[6]

País-com-Maioria-da-População-de-Alta-Renda (pmp-ar): Os países já foram classificados como pertencentes ao Primeiro Mundo – aqueles considerados desenvolvidos, ricos e capitalistas; ao Segundo Mundo – os desenvolvidos, pobres e socialistas; e ao Terceiro Mundo – composto por países subdesenvolvidos e

---

[6] Ibidem, pp. 94-95.

pobres. O Segundo Mundo desapareceu como conceito político e mergulhou em uma tragédia; nos países do Primeiro Mundo surgiram bolsões de pobreza, e a crise ecológica mostrou a fragilidade da maior parte deles, no longo prazo; no Terceiro Mundo, graças a certos recursos, como o petróleo, a renda *per capita* de alguns países é superior à de países do Primeiro Mundo, e outros ainda realizaram saltos econômicos, gerando grandes riquezas para alguns de seus habitantes. Neste quadro, a caracterização tradicional perde sentido. O que diferencia economicamente os países é se eles têm maioria da população com alta renda ou com baixa renda. Os países do Primeiro Mundo já não são de todo ricos, são apenas países-com-maioria-da-população-de-alta-renda ou PMP-AR; os do Terceiro Mundo já não são pobres, são países--com-maioria-da-população-de-baixa-renda: PMP-BR.[7]

País-com-Maioria-da-População-de-Baixa-Renda (PMP-BR): Os países antes chamados de Terceiro Mundo, mesmo quando dispõem de riqueza e realizam saltos de crescimento, continuam com uma imensa maioria pobre, por isso é melhor qualificá-los como países-com-maioria-da-população-de-baixa-renda ou PMP-BR.[8]

---

[7] Ibidem, pp. 245-246.
[8] Ibidem, p. 246.

Instrangeiros: São os estrangeiros dentro do próprio país de origem: embora nacionais politicamente, são estrangeiros socialmente, considerados invasores quando fazem suas casas em áreas próximas dos ricos, quando ocupam terras improdutivas. Esta definição se aplica às massas de pobres nos PMP-BR ou às minorias pobres nos PMP-AR.[9]

A *cortina de ouro* separa a parcela com acesso aos melhores bens de consumo e aos melhores serviços, não importa a nacionalidade, formando uma nação socioeconômica e também cultural com cerca de 1,5 bilhão de pessoas: é o *primeiro-mundo-internacional-dos-ricos*,[10] membros de uma mesma pátria: a *Europa Social*, qualquer que seja o país geográfico onde estejam. Apesar de, em termos legais, serem cidadãos de países politicamente diferentes, diante da presença da *cortina de ouro* compõem um novo país social, com altas somas em contas bancárias e educação de qualidade desde a infância servindo como um passaporte comum: é o país dos que têm acesso à abundância.

Do ponto de vista geográfico, os países continuam com suas identidades nacionais: alguns são *países-com-maioria-da-*

---

[9] Ibidem, pp. 195.
[10] Sobre estes conceitos, ibidem.

-*população-de-alta-renda*, outros *países-com-maioria-da-população-de-baixa-renda*,[11] mas no interior de cada um as populações se dividem entre habitantes incluídos na modernidade, com acesso às vantagens equivalentes àquelas da Europa, e os habitantes excluídos, em busca de migrar para a modernidade. A *cortina de ouro* é um mediterrâneo invisível que corta os países, separando incluídos e excluídos por um sistema de *apartação* tão brutal, embora menos explícito, quanto foi o *apartheid* na África do Sul.

Foi em 1972, em palestra do economista chileno Osvaldo Sunkel, durante o seminário do professor Ignacy Sachs, em Paris, que pela primeira vez ouvi falar da formação de um conjunto internacional de ricos que se entendem e se identificam, independentemente da nacionalidade de cada um. Ele disse: "Há meia hora eu nunca tinha visto nenhum de vocês. E já nos entendemos com um mesmo idioma, o francês, falamos das mesmas teorias, dos mesmos livros e filmes. Mas quando voltarmos a nossos países, teremos dificuldades em conversar com as pessoas pobres na rua, com a empregada doméstica que há anos serve em nossa casa." E fez um desenho parecido com o reproduzido abaixo, que

---

[11] Ver *A cortina de ouro*, op. cit.

apresento no livro *A cortina de ouro – os sustos do final do século e um sonho para o próximo* e há anos uso em palestras. Apenas dei nomes que a meu ver definem melhor a realidade, como, por exemplo, não mais classificar os países como "ricos" ou "pobres", mas conforme a maioria de sua população, seja rica ou pobre. Independentemente dos nomes, o mundo global é um Imenso Terceiro Mundo dividido entre pobres e ricos.

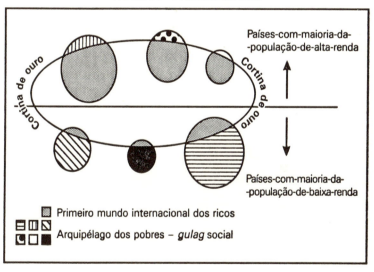

FIGURA 1 – A cortina de ouro

Os limites físicos, econômicos políticos e ecológicos impedem que os pobres do mundo partilhem da riqueza em seu conceito atual: renda, PIB, consumo supérfluo. Para que os quase 7,5 bilhões de habitantes da Terra tenham a renda da Europa, o PIB mundial deveria ser 225 trilhões de dólares, três vezes maior do que os atuais 75 trilhões. Os recursos naturais, especialmente o petróleo, se esgotariam em poucos anos; a temperatura do planeta subiria rapidamente; a realidade social e cultural "explodiria" como as bolhas financeiras. É impossível absorver todos os que estão ao sul do Mediterrâneo no padrão de vida dos habitantes ao norte do Mediterrâneo. Por isso os países europeus constroem muros, armam barcos, repelem os imigrantes.

Ao longo dos seus quase trinta anos de existência, morreram menos de 150 pessoas tentando atravessar o pedaço da *cortina de ferro* chamado Muro de Berlim; nos sete primeiros meses de 2015, mais de 2 mil pessoas morreram tentando atravessar o pequeno pedaço da *cortina de ouro* chamado Mediterrâneo. Ainda mais sintomático: os que atravessaram a *cortina de ferro* foram absorvidos do outro lado, não se tornaram *náufragos-sociais*; mas o mesmo não acontece com os que tentam cruzar os mediterrâneos da *cortina de ouro* e continuam naufragando socialmente.

Impedir a *imigração-geográfica* será um caminho insensato para a Europa, porque é impossível barrar dezenas de milhões de pessoas e também é indecente, pois representa a desumanização dos pobres, tratados como *dessemelhantes*.

Ainda mais insensato e indecente será tentar barrar a *migração social* dentro dos países.

O desafio dos países europeus será substituir a brutalidade por uma generosidade que torne desnecessária a emigração. A civilização europeia manteria sua riqueza material sem perder a riqueza moral, e protegeria as populações pobres africanas, dando-lhes condições de sobrevivência em suas próprias comunidades, sem o risco da travessia geográfica nem da posterior exclusão. Mas isso exigirá uma solidariedade humanista. Da mesma maneira que a escravidão desumanizava os proprietários de escravos, a exclusão social desumaniza os que estão em *jaulas de ouro* e assistem sem angústia aos excluídos que sobrevivem na miséria do outro lado das barras invisíveis. Na ótica dos pobres-excluídos há uma *cortina de ouro* que impede a passagem deles à sobrevivência e à abundância; na ótica dos ricos, há uma *jaula de ouro* que os protege da invasão dos pobres. A derrubada das barras da *jaula de ouro* e da *cortina de ouro* vai exigir uma reformulação do conceito de riqueza.

Chernobyl, Mediterrâneo, Bhopal, Mariana

Enquanto Aylan e seu irmão Galip, de cinco anos, morreram no mar com sua mãe, Rehan Kurdi, a caminho da Europa, milhões de outros sírios não conseguiam sequer sair da Turquia. Depois da marcha de milhares de quilômetros, ficam retidos a poucos metros, cada refugiado carregando em seus baús invisíveis o peso de tristes lembranças do passado e de um destino incerto e assustador. E nada mais. Um destino tão assustador quanto as ondas do mar-muralha do Mediterrâneo da exclusão, no qual se transformou o belo Mediterrâneo das lendas, dos mitos, da cultura e dos turistas. É como se cada migrante fosse um Ulisses com um desejo de fugir de onde nasceu, com o sonho de um dia poder viver em paz e longe dos conflitos armados, da violência, da pobreza e da fome. Uma ilusão para a quase totalidade deles, barrados pelo preconceito e pelo egoísmo, depois de terem sido expulsos de sua terra pelas bombas e pelo terror.

Em Kilis, na fronteira entre a Síria e a Turquia, a *cortina de ouro* é uma cerca física com um portal que me fez lembrar a entrada do campo de concentração de Auschwitz, onde está escrito em alemão: "O trabalho liberta" – uma macabra ironia quando se pensa nos que deixam a Síria. Em Kilis, a placa informa, em turco: "Campo de Refugiados em Kilis." Lá dentro, 15 mil sírios esperam autorização para marchar em direção ao Mediterrâneo, para atravessá-lo e adentrar o que lhes parece o paraíso distante.

O portão na cerca é apenas um dos pontos de partida entre muitos outros ao longo da fronteira turco-síria e uma das muitas fronteiras até chegarem ao Marrocos, à Argélia, à Líbia, à Tunísia e a outros países fora da Europa; ou de outras fronteiras, como a do México com os Estados Unidos. Dados do United Nations Population Fund (UNFPA)[1] para 2013 estimavam que 232 milhões de pessoas viviam como imigrantes em um país diferente daquele onde nasceram; um aumento de 57 milhões em relação ao ano 2000. Apesar do número tão elevado, é uma pequena parte dos bilhões de seres humanos que tentam migrar todos os dias, a cada instante, cada vez que

---

[1] UNFPA, *International Migration 2013*, disponível em: <http://www.unfpa.org/resources/international-migration-2013-wall-chart>.

lutam pela sobrevivência, fugindo da escassez e em busca da abundância, saindo da pobreza para a riqueza, almejando uma parte da qualidade de vida e dos padrões de consumo dos ricos. Mesmo quando não ousa sair de sua palhoça no campo ou de sua barraca na periferia da cidade, cada família pobre está permanentemente tentando atravessar fronteiras formadas por mediterrâneos visíveis ou invisíveis ao redor dos objetos de seus desejos.

Estive na fronteira da Síria, mas não consegui tocar na cerca ou no portal onde se concentram os refugiados, por ser considerada uma área perigosa. Fiquei apenas alguns minutos, mas lembrei de quando visitei a área contaminada de Chernobyl, em dezembro de 2009, e parei diante do mausoléu de concreto que cobre o antigo reator nuclear. Graças ao esforço do embaixador Zenik Krawctschuk, deram-me um salvo-conduto e me permitiram ficar até o máximo de quatro horas no local, sendo obrigado na saída a passar por um detector de radioatividade. Dependendo do resultado, voltaria para o hotel em Kiev ou seguiria para um hospital em alguma parte da Ucrânia ou da Bielorrússia. A radiação é imperceptível, não tem cor nem cheiro, mas contamina a terra ao redor por centenas de milhares de anos. Eu já havia experimentado a sensação de estar perto da força invisível da radiação quando, em 1987, fui a Goiânia visitar a rua onde as partículas de Césio-137, na forma de um pó que emitia um brilho azul no escuro, foram capazes de contaminar um quarteirão e assustar uma grande cidade, matando quatro pessoas e afetando a vida de cerca de 1.600. Um dos mortos foi Leide das Neves, de apenas seis anos, pouco mais do que a idade de Aylan. Ambos morreram em virtude do deslumbramento com produtos da tecnologia a serviço da economia. Nenhum dos dois viu os perigos invisíveis na beleza que os atraía.

Em Chernobyl era o risco de radiação que me expulsava; em Kilis, o risco de ataques por desconhecidos. Na aglomeração de pessoas na fronteira havia tanto emigrantes sírios desesperados quanto contrabandistas de pessoas em busca de vítimas e até mesmo membros de alguns dos grupos de rebeldes em luta. Inclusive do famigerado Estado Islâmico, que não é um Estado nem segue os valores islâmicos: são terroristas e sequestradores que submetem suas vítimas à decapitação vestidas em macacões vermelhos para atrair a atenção da mídia ao redor do mundo e mostrar a semelhança com os prisioneiros dos Estados Unidos, encarcerados sem direito a julgamento na prisão de Guantánamo.

Não pude entrar em território sírio por causa de outro tipo de radiação: os efeitos da guerra travada por forças políticas e militares, menos lógicas mas tão destruidoras quanto as forças da física.

Nas horas que passei em Chernobyl, no limite de permanência na área, pude observar a insanidade e a destruição provocadas pela voracidade do consumo e pela ganância do setor produtivo, que usa todos os meios a fim de gerar a energia necessária para produzir a riqueza que caracteriza o *admirável mundo atual*: como um rei Midas capaz de transformar o íntimo da matéria na energia necessária à produção de riqueza, ficando assim mortalmente contaminado pela radiação. Lembro-me de uma imensa roda-gigante abandonada na hoje cidade fantasma de Pripyat, nunca usada pelas crianças por causa da insanidade dos adultos. Foi construída para ser inaugurada na grande festa do Dia da Vitória contra o nazismo e suas atrocidades na Segunda Guerra Mundial, no dia 9 de maio,[2] e abandonada no dia 26 de abril, dia do desastre provocado pela voracidade consumista e pela irresponsabilidade técnica. Ficará para sempre parada até que seja degradada pela ferrugem passadas gerações de descendentes das crianças para as quais

---

[2] Os Aliados haviam acordado que o dia 9 de maio de 1945 seria o da celebração do fim da Segunda Guerra. Todavia, os jornalistas ocidentais lançaram a notícia da rendição alemã mais cedo do que era previsto, precipitando as celebrações. A União Soviética manteve as comemorações para a data combinada, sendo por isso que o fim da Segunda Guerra Mundial, conhecida como a Grande Guerra Patriótica, na Rússia e em outras zonas da antiga URSS, é celebrado no dia 9 de maio.

foi construída, sem que seu ferro-velho, contaminado pela radioatividade, possa ser aproveitado.

Aquela roda-gigante é um símbolo do futuro negado às crianças pelo progresso predatório quebrando o frágil equilíbrio ecológico que sustenta a vida, quando o consumo voraz aliado à ganância da produção dominam a realidade social e econômica: crianças que morrem – como Leide das Neves e Aylan – ou que ainda nem nasceram e enfrentarão escassez de recursos, elevação da temperatura do planeta, mudanças climáticas e terrorismo, ou caminharão ao lado dos pais migrantes, impedidas de entrar no mundo da prosperidade. A roda-gigante é um símbolo do que o progresso industrial oferece a seus consumidores, depois impedidos de consumir devido à crise econômica e ecológica, ao endividamento excessivo, à desigualdade, ao esgotamento fiscal e à impossibilidade de manter os milhões de mediterrâneos invisíveis necessários para barrar fisicamente a maior parte dos seres humanos e desmoralizar moralmente toda a humanidade.

O sociólogo franco-chileno Alfredo Pena-Vega, que há décadas acompanha o drama dos sobreviventes do acidente de Chernobyl e de seus descendentes, mostrou em um evento realizado em Brasília no dia 27 de outubro de 2015 os desenhos de crianças filhas das vítimas de Chernobyl representando, no imaginário delas, como foi o acidente, ocorrido anos antes de nascerem. Uma delas desenhou um cogumelo como o da bomba de Hiroshima sobre o que, para ela, representaria o reator da antiga usina. Em sua simplicidade, via a realidade por trás das aparências: Chernobyl e Hiroshima, dois produtos do mesmo avanço técnico sem regras éticas de uso. Talvez para uma criança síria o Mediterrâneo, onde morreu Aylan, seja como um cogumelo da bomba de Hiroshima, deitado, espalhado, invisível.

Até algum tempo atrás, poderíamos dizer que a avidez pelo lucro no capitalismo é a causa das crises e dos desastres ecológicos, mas a catástrofe de Chernobyl aconteceu em um governo socialista, em um modelo de sociedade no qual o lucro supostamente era visto como uma coisa maldita. O desastre de Bhopal, acidente industrial ocorrido em 3 de dezembro de 1984, quando 40 toneladas de gases tóxicos vazaram na fábrica de pesticidas da empresa norte-americana Union Carbide, aconteceu no sistema desenvolvimentista misto privado-estatal da Índia. O acidente na usina nuclear de Fukushima, em 2011, ocorreu no desenvolvido Japão. No Brasil, o trágico desastre ambiental em Mariana, Minas Gerais, em novembro de 2015, quando o rompimento da barragem de rejeitos da mineradora Samarco resultou no derramamento de milhões de metros cúbicos de lama contaminada por centenas de quilômetros, devastando o rio Doce, ocorreu depois de treze anos de um governo popular de esquerda. A voracidade de consumo não é um problema apenas do capitalismo, é uma característica da civilização industrial desde que ela dobrou a esquina histórica do *homo-produtivo* para o *homo-consumidor*, transformando o avanço técnico de redutor de necessidades conhecidas em criador de necessidades inventadas pelo próprio processo civilizatório.

Depois de sete encruzilhadas ao longo de 10 mil anos de história, desde que o *Homo sapiens* se instalou entre os rios Tigre e Eufrates, dando início às mudanças que levariam ao homem sedentário, urbano e agrícola, que depois permitiu

FIGURA 2 – Escada evolutiva apresentada no livro *O erro do sucesso*

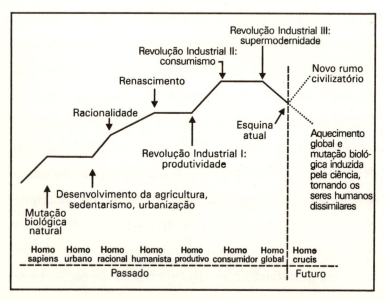

o surgimento do homem racional, o renascentista, o produtivo, o consumista, e, agora, do homem global contemporâneo, o homem-encruzilhada dos tempos atuais força os sírios a emigrar em massa.

A humanidade se vê diante de duas grandes ameaças disruptivas: o risco de uma catástrofe ambiental de grandes proporções, que desarticularia o sistema de vida no planeta, e a desigualdade social, que provoca a dessemelhança entre os seres humanos. Tudo indica que a temperatura média do planeta vai continuar se elevando, o que, de acordo com as previsões, resultará em uma grave crise agrícola antes do final do século XXI: as desigualdades crescem a ponto de, em 2016, as 62 pessoas mais ricas do mundo disporem de um patrimônio equivalente ao de metade da população do planeta, o que resulta no aumento das diferenças sociais, com um distanciamento cada vez maior entre as pessoas.

Como Hiroshima, Chernobyl permite desnudar a civilização industrial, não importando o sistema social e econômico, seja ele capitalista ou socialista. Desnuda o uso irresponsável dos avanços técnicos. Socialismo e capitalismo surgem como dois lados da mesma moeda desenfreada, esquizofrênica e, agora, enfraquecida civilização industrial.

A batalha entre o Mediterrâneo e o Eufrates, a Rota da Seda e o século XXI

Impedido de cruzar a cerca, subi no alto de um morro próximo à fronteira; do jardim de uma mesquita pude ver o campo verde e silencioso da Síria. Os olhos não enxergavam as cenas da tragédia, nem os ouvidos eram capazes de captar o ruído das bombas e dos aviões; não era possível ver as mortes injustas, algumas por decapitação, nem a perda de fortunas e de rumos na vida, a interrupção de sonhos, carreiras profissionais, casamentos, crescimento de filhos e netos. Tampouco pude ver a destruição até mesmo de cemitérios que, apesar de tão lotados quanto os subúrbios das cidades turcas, jordanianas e libanesas, terminam cobertos por destroços. Em Kilis, porém, ao conversar com migrantes, pude sentir a perda do sentido de lógica, justiça e sensatez, a sucessão de equívocos que caracteriza a secular marcha histórica dos homens em direção à riqueza, equívocos que empurram famílias em uma marcha em busca de uma elusiva sobrevivência segura e confortável do outro lado dos mediterrâneos, visíveis ou não.

Na linha da afirmação do paleontólogo francês Michel Brunet, "todos somos africanos e migrantes". Foi nessa região do planeta, entre os rios Tigre e Eufrates, que, depois de milhões de anos migrando, o *Homo sapiens* deu início ao que concebemos como civilização no seu sentido atual, graças ao sedentarismo, à agricultura, à urbanização e ao intercâmbio cultural, que permitiram o surgimento das cidades, da escrita, da álgebra, da arquitetura, do Estado, das artes e até mesmo da história registrada, cem séculos atrás. Um pouco mais para o oeste está o Mediterrâneo, berço da lógica que serviu de base para as técnicas que libertaram e corromperam os homens. Foi a partir da migração do homem da África para o Oriente Médio, antes de se espalhar pelo restante do mundo, que foram construídas as maravilhas da civilização e se deu a migração no sentido contrário, que, 10.000 anos depois, esbarra no Mediterrâneo.

Foi entre esses dois pequenos volumes de água do globo terrestre que ocorreram as primeiras conquistas da civilização global, com as invenções babilônicas e gregas, os intercâmbios e as guerras entre os dois lados, simbolizados por Xerxes e Leônidas, os profetas e os filósofos. Por pouco, a batalha de Termópilas, em 480 a.C., não levou à ocupação do Mediterrâneo pelas forças persas do Tigre e do Eufrates, impedindo o surgimento da lógica, que se disseminou com uma vitoriosa migração de ideias, impregnando o mundo com a visão grega. Se a derrota grega em Termópilas não fosse seguida pela reação dos "300" de Esparta, liderados por Leônidas, e pela marinha liderada por Temístocles, o desenvolvimento da lógica grega poderia ter sido interrompido por séculos ou milênios, e a civilização teria hoje outra concepção e outra maneira de pensar. O Renascimento teria tardado e sua esquina civilizatória teria sido adiada ou não teria ocorrido de todo. Não teriam havido as conquistas do progresso técnico que conhecemos e usamos, nem da ética libertária e democrática que praticamos. Essa disseminação se consolidou sobretudo depois de outra vitória do Ocidente ao barrar em Viena, em 1529, a expansão do Império Otomano, e em 1683, também em Viena, com a derrota do exército otomano e o fim da expansão turca no sudeste europeu. Finalmente, já no século XX, com a revolução republicana de Mustafa Kemal Ataturk, a visão "persa", "oriental" ou "otomana" foi derrotada dentro da própria Turquia, assegurando a vitória definitiva do Mediterrâneo sobre o Tigre e o Eufrates.

É interessante imaginar como seria o mundo e quais seriam as características da civilização contemporânea se a Pérsia tivesse imposto seu império por mil anos, se do Oriente chinês tivesse vindo a força do mundo global ou se a civilização fosse apenas a soma de civilizações independentes, inclusive com astecas e incas dominando suas regiões. Mas o Mediterrâneo venceu, e sua força absoluta carregou erros que agora provocam a migração dos deserdados na sua direção evidenciando o *erro do sucesso*[1] da civilização humana, que se observa nos abrigos onde os refugiados sírios esperam a chance de seguir adiante, em busca da paz e dos bens do progresso do qual foram excluídos.

Foi no que hoje é o centro de toda a tragédia na fronteira entre Turquia e Síria que o comércio internacional foi inventado ao longo da Rota da Seda, primeira forma de globalização. Pelo local onde atualmente fica a Sani Konukoğlu Bulvarı, avenida onde está localizado o Hotel Diva, onde fiquei hospedado em Gaziantep, passavam os comboios de camelos do primeiro comércio entre Ocidente e Oriente, descrito há quase mil anos por Marco Polo e agora representado em pedras por um enorme monumento cheio de óbvio simbolismo.

---

[1] Ver, do autor, *O erro do sucesso – A civilização desorientada e a busca de um novo humanismo*, Rio de Janeiro, Garamond, 2014.

Por séculos, esse foi um comércio entre parceiros tecnologicamente equivalentes: do Oriente vieram não apenas a seda, mas também a bússola, a pólvora e a imprensa primitiva antes de sua reinvenção por Gutenberg. As Cruzadas perpetraram massacres contra os muçulmanos, mas as armas desiguais não representavam rupturas tecnológicas entre as duas civilizações e os efeitos eram limitados basicamente aos momentos de combate e saques. Os cruzados não carregavam bombas atômicas nem pilotavam bombardeiros ou drones. Foi a Era dos Descobrimentos que colocou em confronto civilizações tecnologicamente desiguais e iniciou os genocídios e massacres culturais. As guerras passaram a ter a finalidade de destruir o *outro*, não apenas conquistá-lo e saqueá-lo; passaram a ter um vencedor claro, que impunha de maneira arrogante sua força militar, econômica, política e cultural, como se observou nas Américas com a destruição das civilizações asteca e inca e de grupos indígenas no Norte e no Sul.

Foi a partir da Revolução Industrial, porém, que a arrogância ocidental passou a se impor de forma definitiva, por meio de um comércio desigual na base tecnológica, que incutia sua cultura, seus valores éticos e suas crenças religiosas aos povos de fora de sua área econômica, social, cultural e política, no sentido de disseminar seus valores, vistos como absolutos, para toda a humanidade. Os países ocidentais que agora se recusam a receber imigrantes há séculos tentam incorporá-los em sua esfera de dominação econômica e cultural, ao mesmo tempo que os excluem socialmente, tratando-os como indivíduos dependentes, submissos ou anulados, não como cidadãos participantes, exceto a parcela representada por uma elite de intelectuais convertida, adaptados, aceitos e incorporados.

Da mesma forma que para os antigos gregos as palavras *bárbaro* e *estrangeiro* eram sinônimas, o atual Ocidente passou a chamar de bárbaro tudo o que lhe parece carregado do exotismo infiel do estrangeiro; não apenas os indígenas primitivos das Américas, da África e da Ásia, mas também sociedades civilizadas, até mais antigas do que a Europa renascentista, como a chinesa, a indiana e aquelas que praticam a religião islâmica. Para o muçulmano, é infiel quem não segue o Corão; para os cruzados, era infiel quem não seguia a Bíblia; para os mercadores da globalização, é infiel quem não segue as determinações políticas, os gostos culturais e os padrões de consumo do mundo ocidental. A Bíblia atual são as regras da globalização comercial, os teólogos são os economistas dos *donos do planeta*, as catedrais são os *shoppings centers*, o novo Vaticano está entre o FMI, Wall Street e o Vale do Silício.

Donos do planeta: A história do capitalismo mostra a existência de pessoas muito ricas em várias regiões do mundo, mas com seu poder sempre passando pelas autoridades políticas locais. Ainda que de fato detivessem o poder e tivessem as autoridades locais sob controle, os ricos do mundo precisavam da assinatura delas, das armas que elas comandavam e da legitimidade que seus mandatos impunham internamente. Além disso, as decisões tomadas no centro do poder demoravam a chegar até os países periféricos. O final do século XX mostra um novo tipo de poder, com um tamanho maior na fortuna, uma abrangência maior sobre o mundo e a instantaneidade com que suas decisões chegam a qualquer parte do planeta. Mas, sobretudo, um poder que atravessa as fronteiras nacionais sem necessidade dos governos. Já se pode afirmar que há donos do planeta. A fortuna dos mais ricos de 1998 é quase cem vezes maior que a fortuna dos mais ricos de setenta anos atrás. As três pessoas mais ricas do mundo têm patrimônio que supera a soma dos PIBs dos 48 países mais pobres do mundo, as duzentas pessoas mais ricas têm um patrimônio igual à renda total de metade da população mundial. Em uma pesquisa realizada recentemente com o propósito de tornar conhecidas as cinquenta pessoas mais poderosas do mundo, não foi apontado o nome de nenhum chefe de Estado ou de governo. Todos os que despontaram na pesquisa eram donos de empresas de alta tecnologia ou de bancos, ou ainda grandes executivos de empresas industriais e três dos dirigentes de fundos de pensão de trabalhadores dos Estados Unidos. Na globalização, o poder dos dirigentes das grandes empresas alcança todos os cantos do planeta, atravessa as fronteiras nacionais sem ao menos delas tomar conhecimento e despreza o poder político local como se ele não existisse.[2]

Foi com base nessa concepção que nos anos 1920 e 1930 a política ocidental criou os pilares das guerras que hoje corroem a geografia e a história do Oriente Médio, impondo a divisão e as fronteiras artificiais daquela região, definidas na época pela arrogância e pelo fanatismo nas crenças ocidentais do avanço técnico e do consumo, do mercado e da produção. No lugar de grupos convivendo ou tendo pequenas escaramuças entre si, Estados políticos nacionais; no lugar de seus líderes naturais, presidentes impostos em nome do progresso. Xiitas passaram a ser governados por sunitas, sunitas por xiitas, cristãos ortodoxos por alauitas. Para fazer isso funcionar, os ocidentais impuseram ditadores que seguiam as regras do Ocidente, como Saddam Hussein, Muammar al-Kadafi ou o xá Reza Pahlavi. Quando não se submetiam,

---

[2] *Admirável mundo atual*, pp. 124-125.

eram derrubados, e no lugar se instaurava o caos, que serviu para insuflar o fanatismo e detonar o gatilho que tumultua as ondas do Mediterrâneo, como a guerra civil na Síria.

A estupidez da ganância se alia à hipocrisia da política responsável por fabricar os ditadores que servem momentaneamente para unificar países e colocá-los a serviço do lucro e do poder ocidental para em seguida derrubá-los, desestruturando as nações, fabricando terroristas que atacam em todas as direções, mesmo que ao custo da destruição desses países, como ocorreu no Iraque, na Líbia e na Síria, que, apesar de terem histórias milenares, têm fronteiras recentes. Os terroristas de hoje são soldados fanáticos, produto da globalização, agem em todo o planeta, em nome de uma bandeira religiosa que transcende fronteiras nacionais. Como produto da geopolítica global, seu campo de batalha é o mundo. O terrorismo é produto da globalização: desnecessário sem a imposição política dos valores ocidentais e impossível sem as atuais ferramentas técnicas do mundo globalizado. Com resultados visíveis em Kilis.

Um longo percurso, um marido decapitado, um filho entrevado, uma menina com os pés descalços no frio, um atentado terrorista com pedra – e a possibilidade de uma boa globalização

Em Kilis, Heyta Ismail, vestindo trajes árabes, aparentando ter mais idade do que seus prováveis 40 anos, contou-me a história de centenas de milhares de outras mulheres que, como ela, foram impedidas de permanecer na Síria. O caos fora instaurado no local pela disputa entre governo e rebeldes, incentivados de um lado e do outro por intervenções estrangeiras. Saiu de Alepo fugindo das bombas que vinham de cima e dos tiros que eram disparados por todos os lados; levou consigo quatro filhos, entre os quais Ahmed, um jovem de vinte anos que não fala, parecia não ouvir e arrastava o torso e as pernas pelo piso da sala no abrigo onde outras vinte pessoas de três famílias sobreviviam em um espaço de poucos metros quadrados.

Um ano e meio depois de ter atravessado os 50 quilômetros entre Alepo, na Síria, e Kilis, na Turquia, ela conta sua história por meio de um intérprete que traduz do sírio para o turco, de forma que Mustafa Goktepe, professor de língua e cultura turca da USP, possa traduzir para o português. Ela descreve a odisseia de sua viagem: empurrando o filho em um carrinho de mão, com as três filhas adolescentes caminhando ao lado.

Havia meses estava confinada aos poucos metros quadrados do abrigo, porque a dificuldade para carregar Ahmed a impedia de ir até a calçada. As meninas adolescentes, com o recato das muçulmanas, cabeças cobertas com véus, ouvem nossa conversa enquanto observam o irmão sentado no chão com as pernas entrevadas dobradas, brincando com um rádio de pilha que ele não sabe para que serve.

Se não tivesse percorrido esse sofrido trajeto, Heyta e a família certamente estariam debaixo dos escombros em que se transformou o prédio onde moravam em Alepo.

A família não tem patrimônio, muito menos futuro; restou a lembrança do pai e marido, um comerciante no ramo de exportação-importação que ficou para trás, morto, decapitado por rebeldes terroristas. Poucos meses antes formavam uma família próspera; agora são refugiados, sem nenhum bem, apenas o vago sonho de chegar a um destino incerto ao final de um amargo percurso.

Os refugiados sírios mostram um surpreendente nível educacional: a maioria completou o ensino médio e muitos têm curso superior; falam outros idiomas além do árabe, em geral inglês ou francês. Em uma mesquita em Istambul, um sírio com pouco mais de 40 anos me pediu esmola; em um excelente inglês me disse que era engenheiro. Surpreende também a arrumação e a limpeza nos abrigos: os sapatos do lado de fora, as casas bem arrumadas, pratos dentro dos armários, velhos sofás limpos, pequenos tapetes no chão.

Muitos dizem ter deixado para trás um comércio próprio, vendido para financiar o custo da curta viagem. Graças à dignidade que não perderam, todos olham nos olhos dos seus interlocutores, o que nem sempre ocorre com os pedintes das grandes cidades do mundo.

Uma característica das conversas com os refugiados em Kilis é a ausência de queixas sobre a vida de antes da guerra. Muitos falam com nostalgia da escola, do emprego, das diversões e mesmo da liberdade das mulheres, obviamente dentro dos limites impostos pela religião muçulmana e quando comparado com a vida nas regiões sob controle do Exército Islâmico. Certamente essa era a opinião de pessoas que não participavam da política, não disputavam posições com o regime autoritário que reprimia dissidentes, o que também mostra o controle exercido pela ditadura, capaz de esconder as prisões e a tortura de opositores. O regime que governava o país, no entanto, não era fundamentalista, antagônico culturalmente ao Ocidente, como pode vir a ser o seu substituto.

Em um artigo no *New York Times International Weekly* de 21 de novembro de 2015, intitulado "Elas foram mulheres do ISIS", a jornalista Azadeh Moaveni descreve as lembranças nostálgicas de três jovens mulheres de Raqqa, onde contam a vida na Síria antes da guerra civil: os cursos universitários que faziam, a possibilidade de viverem mais ou menos de forma secular segundo suas escolhas.

Uma triste característica da maior parte dos refugiados é que antes de deixarem seu país tinham patrimônio. À pobreza no país onde encontram refúgio soma-se a sensação da perda de tudo, até mesmo da pátria. Essa outra travessia, de um dia ser alguém para no dia seguinte não ser ninguém, assusta e entristece ainda mais do que se tivessem sido pobres ao longo de toda a vida. É como se a desapropriação e o desenraizamento fossem piores do que a miséria histórica.

Resta o apego à família, dividida pela morte provocada por rebeldes, por afogamentos no Mediterrâneo ou pela dispersão durante a fuga. Em um dia frio e chuvoso, vi uma menina síria de 11 ou 12 anos andando sozinha, descalça, na escadaria da plataforma molhada no início da ponte de Gálata, em Istambul. Ao ver seu rosto, suas roupas e sua maneira de caminhar, fugindo do contato das poças de água fria com os pés descalços, senti profunda tristeza por seu destino. À tristeza juntou-se uma enorme raiva pela estupidez da maldade humana. Não fazia muito, aquela menina tinha uma escola satisfatória, um par de sapatos, os cabelos bem cuidados e certamente um lindo sorriso nos lábios. E brilho nos olhos. Não tinha permissão para andar sozinha nas ruas da cidade, nem a triste liberdade de se perder; agora estava não apenas perdida, mas descalça, sem futuro. É esse o resultado da *bomba atômica social* que explode pelo mundo afora, espalhando a radiação social resultante da face perversa do progresso. Provavelmente a menina na ponte não tem mais família, nem futuro, nem nada. Nos seus pés descalços na chuva vi a consequência de um progresso equivocado que exclui multidões para beneficiar uma minoria. E percebi a motivação dos atos de terrorismo: injustificados pela moral, mas explicáveis pela lógica social.

Lembrei da revolta de um jovem que, em 2007, agrediu o ônibus no qual eu estava na estrada síria entre Palmira e Damasco, em um trecho hoje sob o controle do Estado Islâmico. Não vi o agressor, mas sei que sua raiva foi fomentada pelo *erro do sucesso* do progresso global ao impor valores ocidentais à política e à cultura do Oriente Médio, gerando desconfiança, despeito e revolta na população dessa região.

Eu participava de viagem com o professor Cândido Mendes, que há muitos anos promove com obstinação o diálogo entre o mundo islâmico e o mundo cristão, entre o Oriente Médio e o Ocidente. Seus seminários anuais reúnem intelectuais de um lado e do outro para debaterem a construção de pontes entre o Islamismo e o Cristianismo. Se, além do resultado intelectual, sua dedicação tivesse dado resultados políticos, o mundo não estaria testemunhando a tragédia genocida provocada pela guerra entre civilizações; e o professor Cândido Mendes, com seus seminários, seria candidato a um Nobel da Paz. Durante um desses seminários, em Amã, na Jordânia, o grupo foi por terra até a Síria. Atravessamos sem maiores dificuldades a fronteira entre as cidades de Mafraq e Daraa, chegando a Palmira. Hoje, essa fronteira sofre as consequências da guerra, e Palmira está em ruínas, completamente destruída pelo Estado Islâmico.

Naquela tarde fomos vítimas de um atentado perpetrado por um jovem que nem ao menos sabia quem éramos, mas nos tomava como inimigos: fomos agredidos com uma enorme pedra, como um paralelepípedo, atirada contra o nosso ônibus, que trafegava em alta velocidade pela excelente estrada que liga Palmira a Damasco. A pedra estilhaçou o vidro, destruiu o para-brisa e feriu duas pessoas; o ônibus ficou sem condições de seguir viagem, e tivemos que parar para fazer um conserto na cidade mais próxima.

O crime do qual fomos vítimas, um atentado terrorista executado por alguém desconhecido parado à margem da estrada, e que sumiu na hora, foi motivado apenas pelo fato de sermos turistas, estrangeiros, ocidentais. Para ele, com razão, éramos criminosos de uma guerra cultural. Ali possivelmente estava um futuro "soldado" do atual Estado Islâmico. Hoje, no lugar da pedra, são usadas bombas contra todos que lhes pareçam inimigos nas ideias, nos gostos e no credo; ainda que sejam seus compatriotas, mas não muçulmanos da mesma denominação. Fazem isso em nome da fé, comandados insanamente por seus líderes político-religiosos, como os Estados ocidentais fazem em nome do progresso.

No momento do atentado, em um assento na parte de trás do ônibus, eu lia *Neve*, de Ohran Pamuk, cuja história se passa na cidade de Kars, na fronteira entre Turquia e Armênia, não muito longe dali. O livro descreve a tensão do mundo moderno no ambiente turco, relata uma série de suicídios de adolescentes impedidas de usar o véu prescrito pelo Islã mas proibido pelo regime turco: uma metáfora invertida do que acontece hoje com os jovens suicidas transformados em homens-bombas para combater os regimes anti-Islã em todo o mundo.

Anos depois me lembrei desse fato ao assistir ao filme *Babel*, no qual as vidas de pessoas em lugares completamente diferentes se entrelaçam a partir do tiro que atinge e mata uma turista norte-americana em uma estrada no Marrocos. A globalização uniu e dividiu todos eles; o terrorismo é um aspecto desse mundo global, um só e ao mesmo tempo tão dividido, onde é fácil atravessar um oceano e perigoso dobrar uma esquina no bairro onde moramos.

Há exemplos de boa globalização. Em abril de 2000, tomei um táxi no centro de Washington D.C. com destino ao aeroporto. Para puxar conversa, perguntei ao taxista de que estado norte-americano ele era. Respondeu que não era de estado algum, era de Uganda, no leste da África. Continuei a conversa perguntando sobre a situação das crianças órfãs da aids em seu país. Respondeu que tinha perdido uma irmã e o cunhado, vítimas da doença, e que sua mãe idosa teve que assumir a criação dos netos. Disse que milhares de crianças órfãs vagavam abandonadas pelas ruas da capital, Kampala, e completou contando que sua mulher mantinha uma organização não governamental para apoiar essas crianças.

Eu disse que estava na cidade para divulgar o programa Bolsa-Escola, que havia implantado no Brasil, no Distrito Federal, em 1995; expliquei que pagávamos um salário mínimo mensal – na época 127 dólares – a cada família cujos filhos não faltassem às aulas naquele mês. Disse que estava na cidade para a reunião no Banco Mundial para divulgar a ideia e levá-la para outros países. Contei que presidia a Missão Criança, uma organização não governamental que patrocinava a ideia e bancava o Bolsa-Escola com recursos privados. A cada explicação e informação que eu apresentava ele fazia uma nova pergunta, até que, próximo do aeroporto internacional Washington Dulles, ele disse que gostaria muito de continuar a conversa. Paguei a corrida e entrei no aeroporto. Quando terminei de fazer o check-in, fui surpreendido com o motorista caminhando na minha direção. Continuamos a conversa e em seguida embarquei para Genebra, na Suíça, onde defenderia a ideia em uma reunião da Conferência das Nações Unidas sobre Comércio e Desenvolvimento.

De volta ao Brasil, dias depois, recebi uma mensagem de Rhoy Kaima. Era a mulher do taxista. Dizia ter lido o material sobre o programa que eu deixara com o marido e perguntava se seria possível implantar algo nos moldes do Bolsa-Escola em um dos países onde sua entidade, a Ark Foundation, atuava: Uganda, Quênia e Tanzânia. Respondi que sim e pedi que fosse na Tanzânia, em homenagem ao ex-presidente Julius Nyerere (morto em 1999), por quem eu tinha grande admiração e com quem tinha uma amizade que já durava anos.

Nos meses seguintes, mantivemos contato com Rhoy e a Ark Foundation, explicando os detalhes dos mecanismos de implantação do Bolsa-Escola. Aos poucos o programa foi tomando forma, enquanto buscávamos recursos externos para financiá-lo. No meio do processo, contatei Reinaldo Figueredo, ex-ministro do Exterior da Venezuela, e ouvi dele que havia a possibilidade de o programa ser bem recebido por uma fundação inglesa da qual sua mulher, Michelina Figueredo, era conselheira.

Poucos meses depois, a Parthenon Foundation, de Londres, aprovou o projeto, oferecendo recursos suficientes para atender até 250 famílias ao longo de dois anos. Em 2002 começamos a pagar as bolsas às famílias de crianças em Dar es Salaam. Foi um longo trajeto percorrido em dois anos.[1]

Em meados do ano seguinte, o representante no Brasil da Organização das Nações Unidas para a Educação, a Ciência e a Cultura (UNESCO), Jorge Wertheim, me convidou para fazer uma palestra durante o VIII Encontro de Ministros de Educação da África, em Dar es Salaam. Aceitei o convite, sobretudo pela oportunidade de visitar os beneficiados pelo programa da Missão Criança em parceria com a Ark Foundation e a Parthenon Foundation. Fiquei ainda mais entusiasmado

---

[1] Ver do autor, *Bolsa-Escola – História, teoria e utopia*, editora Thesaurus, Brasília, 2012.

quando soube que lá estaria a mulher do taxista, cuidando de nosso projeto.

Encontrei Rhoy Kaima na casa onde funcionava a filial da Ark Foundation em Dar es Salaam. Uma africana altiva e ativa, indignada com a corrupção dos políticos na África. De lá fomos ao vilarejo onde o programa atendia às crianças. Durante o trajeto, ela fez uma avaliação da tragédia social africana provocada pela assombrosa dívida financeira, pela miséria, pela corrupção generalizada e, sobretudo, pelo terrível fantasma da aids. Disse que na África os professores estavam mortos, doentes, contaminados ou a caminho da contaminação. Também contou que as crianças atendidas eram filhas de pais que tinham morrido em decorrência da aids e que muitas delas estavam infectadas também, a maior parte sem saber.

Foi nessas condições que encontramos nossas crianças. A escola, em um barraco composto por um único cômodo, era pobre mas limpa. As crianças e suas mães adotivas nos esperavam. Cantavam uma música de boas-vindas. Entramos: os adultos sentados em bancos, as crianças no chão, todas aparentando menos de 10 anos. Começamos a entregar diplomas de assiduidade às aulas. Depois, Rhoy Kaima passou a entregar o dinheiro a cada mãe.

Foi emocionante assistir à cena – quinze anos depois de lançar a ideia, sete anos depois de iniciar sua implantação, quatro deles correndo o mundo para divulgá-lo e implantá-lo no Brasil e no exterior, e meses depois de começar a organizar aquele programa –, ver os olhos daquelas crianças e de suas mães adotivas ao receberem os xelins tanzanianos das mãos de uma ugandense que mora nos Estados Unidos, com financiamento em libras esterlinas de uma fundação inglesa. E pensar que tudo aquilo tinha começado em uma corrida de táxi até o aeroporto internacional de Washington.

Em Dar es Salaam, no dia seguinte, na palestra que fiz para os ministros, expliquei o que era o Bolsa-Escola, seus resultados em diversos países, e concluí dizendo que havia um programa Bolsa-Escola ali mesmo em Dar es Salaam, mantido com recursos privados, e sugeri que ouvíssemos a pessoa encarregada dele.

Rhoy falou com firmeza e emoção, lembrando o que acontece na África, como se aqueles ministros não soubessem. E, de fato, segundo ela, fechados em gabinetes com ar-condicionado, deslocando-se em Mercedes blindados, talvez não soubessem, ou se sabiam não se indignavam com a situação. Ela concluiu explicando o que o Bolsa-Escola fez para mudar a vida das famílias e das crianças que apoiávamos em Dar es Salaam. Contou que, no primeiro mês, teve de cortar bolsas das crianças que faltavam às aulas e que, no segundo mês, praticamente nenhuma precisou ser cortada, porque nenhuma criança faltava mais. Explicou que o Bolsa-Escola resolvia os problemas fundamentais das famílias e levava as crianças para a escola todos os dias. Concluiu dizendo: *"This is what Africa needs"* – "É disso que a África precisa".

Foi longo o percurso de Washington D.C. a Dar es Salaam e a Cidade do México, entre 2000 e 2002, passando por Brasília, Genebra e Londres, graças a tantas pessoas e tantas entidades, por meio de aviões, telefones e e-mails – tudo moderno, tudo global: uma boa globalização, a serviço das crianças excluídas. E que pode servir para aliviar a tristeza das crianças refugiadas no entorno da Europa. Uma globalização comprometida com um programa mundial que torne desnecessária a emigração.

Se eu tivesse chegado à porta do hotel em Washington segundos antes ou segundos depois, teria tomado outro táxi e seria outra a situação atual daquelas crianças. Foram o acaso, o interesse de um taxista ugandense, a militância de sua esposa, a boa vontade de um ex-ministro venezuelano e de sua mulher e muito trabalho do pessoal da Missão Criança que permitiram levar esperança para aquele pequeno grupo de crianças da Tanzânia. Quase nada no imenso oceano de 90 milhões de outras crianças sem escola na África, de 250 milhões de trabalhadores infantis no mundo, mais de 3 milhões apenas no Brasil. Resta a esperança de que o exemplo de Rhoy Kaima em Dar es Salaam se espalhe um dia por todo o continente africano, graças ao interesse dos ministros pelo desafio lançado por ela.

Tive uma emoção parecida quando, em 1999, assisti à distribuição do Bolsa-Escola no âmbito do Programa Progresa, no México. Em uma pequena cidade a algumas horas de distância da Cidade do México, a bolsa era distribuída em uma agência dos correios. Vi a imensa alegria no rosto de cada mãe ao receber o benefício. Uma delas me disse, mostrando o dinheiro: "Aqui levo comida, e meus filhos estão na escola." Logo depois vi uma das mães chorando. Soube que, ao chegar ao guichê para receber a bolsa, foi informada de que o filho tinha faltado às aulas e por isso ela não poderia receber o dinheiro. A notícia a deixou decepcionada e provocou o choro, mas associar a bolsa à frequência escolar era uma condição importante para diminuir a evasão escolar e promover a ascensão social daquelas famílias.

Foi uma cena triste, mas que confirmou a solidez do programa. Na Cidade do México, no ministério que administrava o programa, vi como era feito o acompanhamento de cada família beneficiada: todo mês a ordem do pagamento era feita com base em informações sobre a frequência às aulas e o cumprimento das demais obrigações previstas pelo programa, armazenadas em um chip. É esse rigor, ainda que implique o sofrimento de alguns, que faz com que o Bolsa-Escola possa se tornar desnecessário na geração posterior: quebrar o círculo vicioso da pobreza, algo que a simples transferência de renda não é capaz de fazer.

O Mediterrâneo no agreste brasileiro

No dia 11 de fevereiro de 2005, um helicóptero levando o então presidente Lula desceu no agreste pernambucano, em um terreno na pequena cidade de Toritama, perto de Caruaru. Em um gesto simpático, em vez de entrar no automóvel que o esperava, com uma expressão claramente preocupada, o presidente caminhou até um grupo de meninos do outro lado de uma cerca de arame farpado e agachou-se na frente deles. Um fotógrafo capturou a cena e a foto foi publicada no dia seguinte nos jornais.

Ao ver a imagem, decidi identificar aquelas crianças, descobrir o nome de cada uma delas, conversar com seus pais, visitar a escola que frequentavam, entrevistar seus professores. Em abril daquele ano, visitei o local e escrevi uma carta ao presidente na qual dizia, no título: "Presidente, estas crianças têm nome – como dar-lhes um futuro?"

Reproduzi a foto, indiquei o nome de cada criança, descrevi a realidade em que os garotos viviam, especialmente do ponto de vista da educação, e disse que ele não era o responsável por aquele triste quadro de penúria educacional e consequente pobreza, mas que, se dez anos depois aquele quadro ainda se mantivesse, então ele poderia ser responsabilizado.

Sugeri dez grandes medidas para mudar aquela realidade educacional. Eram as bases do trabalho que tentei realizar ao longo de 2003, quando fui ministro da Educação. Nunca recebi confirmação do recebimento da carta, mas, considerando o encaminhamento de sua política educacional, posso perceber que, se recebeu, não deu importância.

Dez anos depois, em setembro de 2015, fui visitar Toritama, para ver o que tinha acontecido com aqueles meninos: conversei com eles e vi o triste quadro da tragédia migratória, como se fossem náufragos em um mediterrâneo invisível, fracassando na tentativa de emigrar.

A menina de nome Taciana, que na época da visita de Lula tinha 6 anos, deixou a escola aos 14, engravidou aos 15 e, aos 16, tinha um filho de um ano e dois meses chamado Ângelo Miguel.

O irmão dela, conhecido como Cabiteiro, estava junto na hora da foto, mas não quis aparecer. Abandonou a escola antes dos 15 anos, dedicou-se a carregar madeira e ser vigilante informal nas ruas pobres do bairro onde morava, até ser assassinado antes de completar 19 anos.

O menino chamado Rubinho, na época da foto com 7 anos, um dos dois que riam para o presidente, deixou a escola antes da quinta série, aos 17, e hoje tem um filho de nome Rafael. Seu irmão, Diego, que não apareceu na foto por ser então muito pequeno, hoje tem 15 anos e já esteve preso. Na cadeia, quase foi morto a facadas; condenado à morte pelos comparsas, fugiu do hospital.

Outro que ri para o presidente, Jaison, largou os estudos aos 15 anos. Josivan, que está na ponta direita, deixou a escola também aos 15 anos, antes de terminar o quinto ano. O menino mais à esquerda, conhecido como Nego, então com 8 anos, não estudou e hoje tem dois filhos. Jaques, o mais velho, então com 9 anos, deixou a escola aos 13.

Todos abandonaram a escola antes de concluir o ensino fundamental e hoje fazem parte do exército de analfabetos funcionais do país. Todos foram trabalhar aos 15 anos, em empregos informais, sem qualificação; quase todos tiveram filhos ainda na adolescência; um deles foi assassinado. Nenhum teve o futuro a que tinha direito ao nascer.

Toritama é um mediterrâneo no qual aquelas crianças naufragaram diante de todos nós, durante a viagem rumo ao futuro, como aconteceu com Aylan e com milhares de outras crianças, mesmo que não tenham se afogado de fato nas águas do mar Mediterrâneo.

Ao visitá-los, dez anos depois, carreguei nos braços Ângelo Miguel e fui tomado pelo triste sentimento de ver nele a repetição do mesmo velho círculo que passa de pai para filho, sem se romper, repetindo de geração em geração o mesmo destino.

Nesses dez anos, a vida daquelas crianças foi uma repetição de fracassos. Nenhuma delas sabe o que aconteceu no Mediterrâneo, nem onde fica a Síria, tampouco ouviram falar de Aylan, mas reproduzem o destino dele no agreste pernambucano. São versões brasileiras de *náufragos sociais*. Tudo indica que Ângelo Miguel terá o mesmo destino que a mãe adolescente, a não ser que lhe seja oferecido o indispensável transporte para a sobrevivência na selva ou no mar social: escola de qualidade até, pelo menos, o final da educação de base. Nos dizeres da ex-senadora Heloísa Helena, "se adotássemos uma geração de brasileiros, eles depois adotariam o Brasil". E Ângelo Miguel poderia olhar para o futuro e enxergar um Brasil melhor.

Os olhos das crianças, o arroz do Hizmet e o assalto à modernidade, provocado pelo erro do sucesso

Em outro abrigo de Kilis, encontrei o pai e o avô de um menino de 5 anos surdo por causa das bombas que explodiam no quarteirão onde moravam em Alepo. Seu pai, um homem ainda jovem, e seu avô, ainda na meia-idade, tinham fugido do inferno, mas estavam longe de encontrar o céu. Em Alepo, eram proprietários de uma loja e de um estúdio de fotografia; agora, sua vida se resumia a esperar a cesta básica que as mulheres da família iam buscar na praça, onde refeições prontas e cestas básicas eram distribuídas todos os dias pela organização não governamental Kimse Yok Mu, que atende a dezenas de milhares de refugiados.

Na cozinha dentro de um trailer, em enormes panelas, vi e provei o arroz de boa qualidade. Do lado de fora, algumas mulheres faziam fila em silêncio, outras conversavam em grupos espalhados pela praça; as crianças brincavam sem ânimo, já esquecidas de onde viviam antes e ainda sem saber onde viverão em seguida. Não sabem por que estão ali, nem para onde vão, e algumas parecem desfrutar de férias vazias, sem rumo e sem consciência da tragédia. E sabemos que provavelmente não chegarão ao lugar para onde não sabem que vão. Até porque, mesmo que com sorte consigam atravessar o *mediterrâneo geográfico*, permanecerão do lado de fora do *primeiro-mundo-internacional-dos-ricos*; continuarão no mesmo lado do *mediterrâneo social*, o lado dos pobres do mundo.

Quando vejo pela televisão os rostos de meninos e meninas migrantes, caminhando apressados atrás e ao lado de adultos, dentro de carrinhos de mão, sobre os ombros dos pais, nos braços das mães, os olhos distantes e molhados, minha pergunta indignada é: O que será que pensam essas crianças? Naquela praça em Kilis, bem ali adiante, olhando para mim, tocando minha calça, vejo olhos menos tristes que assustados; menos assustados que perplexos... como se perguntassem: "O que fizemos?", "O que vai acontecer?", "Quando voltaremos para casa?", "Onde está meu pai?". Naqueles olhos infantis havia menos tristeza e vazio do que vi nas ruas de Paris, em dias de inverno, nos olhos dos filhos de romenos e outros imigrantes vindos de países da própria Europa, enrolados em cobertores leves, esperando moedas para comprar comida. Vi olhares parecidos nos filhos de trabalhadores brasileiros no Japão, na escola que visitei, perto de Tóquio: já não se lembravam do Brasil, mas ainda não viviam no universo japonês. Vi muito mais humilhação entre os imigrantes pedintes nas ruas de Paris do que entre os migrantes marchando pelas ruas e praças de Kilis. Talvez estes ainda tivessem esperança.

Ainda assim, foram aquelas crianças sírias em Kilis que mais me entristeceram quando se aproximaram querendo saber quem eram os estrangeiros ao lado dos voluntários da ONG Kimse Yok Mu, inspirada pelo Hizmet, que lhes assegura comida, abrigo e até mesmo escola. Afinal, para qualquer refugiado, um estrangeiro é a projeção de um desejo: um conhecimento furtivo pode fazer toda a diferença na vida, como uma onda no Mediterrâneo que pode levar o barco para a terra, ou como aquela que traiu o destino de Aylan e seu irmão, levando-os para o túmulo.

Em dezembro de 2014, depois da reunião anual do Conselho da Universidade das Nações Unidas, em Tóquio, graças ao apoio do cônsul Marco Farani, fui ao Instituto Educacional TS Recreação visitar uma escola para filhos de trabalhadores brasileiros imigrantes temporários no Japão. Vi ali, com outro formato, o que vi nos olhos das meninas e dos meninos sírios em Kilis: perplexidade, alienação, estranhamento. Alguns tinham nascido no Japão, mas não falavam o idioma e não frequentavam a escola local: viviam em uma terra de ninguém, nem Brasil nem Japão. Eram filhos de imigrantes: tinham as mesmas características sociais, econômicas e psicológicas dos filhos de africanos na Europa e das crianças sírias espalhadas pelo mundo.

Chama a atenção como essas crianças que vivem no Japão são treinadas com perfeição para se proteger em caso de terremoto ou vulcão, mas não aprendem a atravessar os mediterrâneos construídos pelo progresso, nem a enfrentar um mundo dividido. É como se o sistema socioeconômico ajudasse as crianças a enfrentar os desastres naturais, mas não os desastres provocados pelo ser humano; desastres que tocam a todos, e não apenas àqueles que são resultado da exclusão social.

A cada ano, no dia 1º de setembro – Dia da Prevenção de Acidentes –, aqueles meninos náufragos entre dois continentes praticam com os mínimos detalhes como aprovisionar-se do que é necessário para sobreviver no caso de um desastre natural, como se proteger na eventualidade de uma erupção vulcânica ou um forte tremor de terra, mas não recebem a preparação necessária para enfrentar o desastre civilizatório.

Em Kilis, vendo-me na cozinha junto aos voluntários que serviam a comida, uma das mães, na hora de receber seu prato, do outro lado do balcão, perguntou de onde eu era. Ao ouvir o nome Brasil, sua resposta foi: "América, América do Sul." Fora do trailer, na praça onde estava com as mulheres e crianças, conversamos graças ao seu bom inglês. Na Síria, era professora de matemática e física. Os dois filhos se aproximaram e se agarravam à sua roupa. O marido, médico, levara a mulher e os filhos até lá e voltara para Alepo com a intenção de tentar ganhar algum dinheiro. Havia dias que ela não tinha notícias dele; naquele ambiente, horas sem notícias podem significar a morte. Aquela mulher não tinha grandes esperanças: "Nunca houve tanto trabalho e tão pouco dinheiro para os médicos", disse. Apontou para a amiga ao lado e acrescentou: "Não invejo o fato de ela saber o destino do marido e de um dos filhos: foram assassinados; decapitados, os dois."

O Hizmet

Em 2013, durante uma viagem a Istambul, fui levado por Mustafa Göktepe a um centro de acompanhamento de tragédias no mundo: terremotos, furacões, secas, guerras. Naquela sala, por meio de telas de televisão e monitores de computador, os voluntários da entidade não governamental Kimse Yok Mu monitoravam a necessidade de ajuda humanitária ao redor do mundo. No mesmo edifício estavam armazenados todos os equipamentos necessários para aliviar os sofrimentos de pessoas em lugares arrasados por tragédias: macas, cobertores, remédios, comida enlatada, até mesmo sacos para transporte de cadáveres. Em turco, Hizmet quer dizer "serviço", e a isso se dedicam todos os que se consideram parte do movimento. A Kimse Yok Mu é apenas uma dentre milhares de outras entidades e milhões de pessoas que compõem o Hizmet.

O Hizmet surgiu há cerca de cinquenta anos, graças às preleções do então jovem pregador muçulmano Fethullah Gülen. Nascido na aldeia de Korucuk, filho de um imã, aos 14 anos teria dado seu primeiro sermão. Em 1969 recebeu a licença de pregador, que na Turquia é uma função pública, remunerada pelo Estado.

Desde o início Gülen se destacou por um discurso no qual dizia que a Turquia e o Islã precisavam de mais escolas do que mesquitas. E que essas escolas deveriam, além dos valores humanistas e da tolerância inter-religiosa, incentivar a prática de serviços comunitários.

Embora seja um teórico islâmico sufi no que se refere às bases do Islã, Gülen se diferencia de outros estudiosos em dois aspectos, ambos baseados em suas interpretações de versículos do Corão: ele ensina que a comunidade muçulmana tem o dever de servir ao "bem comum" da comunidade, da nação e de muçulmanos e de não muçulmanos de todo o mundo, e defende que a comunidade muçulmana deve adotar o diálogo inter-religioso.

Com ele nasceu o movimento Hizmet.

Gülen se caracterizou por afirmar que fazer parte do Islã é, sobretudo, ser dedicado ao serviço comunitário e à educação. Sua fala conquistou milhões de turcos e se espalhou pelo mundo, mobilizando empresários, que usaram recursos próprios para criar escolas e universidades e financiar voluntários para cuidar de doentes e refugiados. Em 2015, conferi de perto o trabalho do Hizmet no atendimento aos refugiados sírios.

Em uma visita ao mundo do Hizmet, conhecemos um grande jornal (*Zaman*), uma emissora de televisão (Samanyolu), postos de saúde, centros de assistência social, muitas escolas de educação de base, grandes universidades sem fins lucrativos, mantidas com dinheiro privado de empresários grandes e pequenos. Tudo independente na gestão e na fonte de recursos, ligados apenas pela filosofia moral-prática do Hizmet: servir.

Um movimento sem líderes, sem organização ou hierarquia, mas do qual fazem parte milhões de pessoas de boa vontade e que têm compaixão pelos carentes.

A pergunta permanente é: Quando filhos e esposas se reencontrarão com os pais e maridos que ainda não morreram e com os avós que ficaram para trás? E quando será que juntos terão uma casa, um emprego? Sabemos a resposta: provavelmente nunca. Estão destinados a mudar de acampamento para acampamento, sem uma pátria que possam dizer que é deles. António Guterres, alto-comissário das Nações Unidas para os Refugiados, disse em audiência pública no dia 3 de agosto de 2011, no Senado Federal, em Brasília, que, se os refugiados formassem uma nação, seriam a vigésima terceira mais populosa do mundo, com 59,4 milhões de pessoas. Uma nação sem passaporte, sem bandeira, sem pátria e provavelmente sem sonhos, irrealizáveis para a quase totalidade de seus habitantes. Esses dados não incluem as centenas de milhões de pobres que habitam as periferias das grandes cidades e formam o que Mike Davis chamou de Planeta Favela em seu livro de mesmo título.[1] São refugiados da guerra síria que há quatro anos expulsa multidões; palestinos há cinco décadas; refugiados africanos fugindo da fome; refugiados ambientais, expulsos por barragens para a construção de hidrelétricas ou pelas tragédias das centrais nucleares como as de Chernobyl e de Fukushima.

Os refugiados no mundo moderno são evidências dos erros da civilização ocidental, do uso da *inteligência deformada*, sem ética. A nação dos pobres refugiados é um símbolo da

---

[1] Mike Davis, *Planeta Favela*, São Paulo, Boitempo, 2006.

inteligência estúpida do ser humano, a inteligência humana orientada para o avanço técnico sem ética: com seus grandes projetos econômicos que provocam mudanças climáticas e outros desastres ambientais na Era Antropocena; seus gigantescos bombardeiros que nos acostumamos a chamar modernamente de *armas inteligentes*; ou a *arquitetura da concentração de renda*, desenhada e construída por economistas da modernidade. Não é inteligente a civilização que considera inteligentes as armas que produz ou que promove um modelo socioeconômico que se desenvolve como um imenso homem-bomba capaz de destruir a humanidade.

Em 2014, em Fukushima, vi, lado a lado, refugiados do desastre artificial provocado pela central nuclear e refugiados do desastre natural, o tsunami que atingiu o leste do Japão. Graças aos recursos disponíveis, à solidariedade que tomou conta do país e à eficiência organizacional, o Japão conseguiu oferecer os bens materiais necessários e dar a cada família refugiada as condições dignas de que precisavam. Ficaram os problemas psicológicos, mas não há problemas materiais.

A surpresa para mim foi a desigualdade entre os abrigos dos refugiados que tiveram de abandonar suas casas por causa do vazamento radiativo na usina e os refugiados que perderam suas casas como consequência direta do maremoto. A explicação é que a empresa responsável pela usina dispunha de seguro contra acidentes naturais, mas as vítimas do maremoto não. Esse caso específico é um exemplo do que vai acontecer quando ocorrerem desastres ambientais devido às mudanças climáticas: as próximas gerações não terão seguro nem vão dispor da estrutura organizacional japonesa.

Arquitetura da Concentração da Renda: Relatórios indicam que o Brasil é um dos países com maior concentração de renda em todo o mundo, sem informar que esse grau de concentração foi construído técnica e deliberadamente. Sempre houve concentração da renda, a diferença, nos dias de hoje, no Brasil, é que ela foi concentrada seguindo uma perversa arquitetura elaborada pelos economistas. Os economistas brasileiros formularam legislações, políticas e medidas sobre salários, preços, juros, subsídios, impostos, investimentos públicos que rapidamente transferiram renda, criando uma população de incluídos, ricos e quase-ricos e, por outro lado, de excluídos, miseráveis, pobres e quase-pobres.[2]

---

[2] Ver, do autor, *Admirável mundo atual*, p. 42.

A inteligência burra, os desafios do século XXI para os políticos e a construção *planetania*

A inteligência só deveria ser considerada inteligente se fosse capaz de se autolimitar por uma *ética reguladora*.[1] Caso contrário, a inteligência não é inteligente. No longo prazo, é insana a lógica que define a maneira mais eficiente de fazer algo sem levar em conta as consequências morais do resultado.

Foi essa visão do uso da inteligência limitada ao "como fazer" que serviu de base para a construção da "mente sul--africana", bem descrita no livro *The Mind of South Africa*, de Allister Sparks, ou da "mente brasileira", como se pode ver

---

[1] Ver sobre isto, do autor, o *A desordem do progresso – o fim da era dos economistas e a construção do futuro*, Rio de Janeiro, Paz e Terra, 1993, e publicado em inglês pela Zed Books com o título *The End of Economics*.

no livro *O que é apartação – o apartheid social no Brasil*;[2] e da "mente da civilização industrial", que busca aumentar o PIB segundo a lógica mesquinha de cada indivíduo regulando o conjunto social pelas leis do mercado. A mão invisível tem uma inteligência restrita em curto prazo e no que diz respeito ao indivíduo. Essa mente, cuja lógica se limita ao curto prazo e ao interesse individual, serviu para dar origem a todas as maravilhas da civilização, mas se esgota no momento em que seus próprios resultados levam a uma Era Antropocena, na qual o ser humano tem o poder de manipular as características da geologia mas não tem um sentimento capaz de regular seu poder. Ainda que suas metas sejam limitadas, e que não tenha sido definida a estratégia para reduzir as emissões dos gases que provocam o aquecimento global, o acordo assinado na COP21, em Paris, com a participação de 195 países, é um avanço no que diz respeito à consciência universal dos limites ecológicos para o progresso e na formação de uma mentalidade com motivações diferentes da voracidade pelo consumo e do egoísmo individualista. Mas é um acordo limitado, porque não ataca a essência do problema: ainda não incorpora a necessidade de subordinar o conceito de riqueza ao bem-estar de todos os seres humanos. A lógica continua

---

[2] Ver, do autor, o livro *O que é apartação – o apartheid social no Brasil*, São Paulo, Brasiliense, 1993.

sendo usada para definir como atender à voracidade do consumo de cada indivíduo. Ainda não conseguiu inverter a preocupação, passando a orientar-se pela consciência dos limites ecológicos no momento de definir as regras para domar o progresso, colocando-o a serviço do bem-estar das pessoas, das nações e da humanidade, ao mesmo tempo que mantém o equilíbrio ecológico.

É essa preocupação atrasada, aliada à lógica fria e egoísta, que vai definir como os governos europeus enfrentarão o "problema da imigração". Os intelectuais europeus ficam em silêncio ou assumem a defesa da *cortina de ouro*, reforçando os argumentos para a construção das barreiras; os políticos caem na perplexidade de um tempo em que são eleitos por pessoas em busca de solução para problemas locais e imediatos, e fazem seus discursos para atender a uma vontade popular de deter a "invasão bárbara"; os policiais e militares defendem a necessidade de uma forte coordenação internacional e de uma intervenção crescente dos serviços de informação na vida privada de cada cidadão. A opção tem sido deter a imigração sem cuidar de fazê-la desnecessária; simplesmente barrar terroristas sem se preocupar em parar a máquina social que os fabrica; fortalecer a *cortina de ouro* explícita em vez de derrubá-la, como se fez com a *cortina de ferro*. Em vez de melhorar as condições de vida dos pobres que fogem da miséria pela emigração, os esforços têm sido no sentido de impedir a imigração por meio do controle das fronteiras de cada país e de cada família rica.

Ainda mais grave, a globalização, que se afirmou pelo livre fluxo do comércio e da informação, parecia paralisada pelas democracias nacionais até ser provocada pelo terrorismo, que, ao agir globalmente, forçou medidas de cooperação internacional nas ações de segurança, mas não medidas de cooperação internacional transfronteiras no plano humanista, possibilitando o atendimento das necessidades sociais em escala universal.

O debate entre os candidatos à presidência dos Estados Unidos em 2016 e os resultados eleitorais em diversos países europeus mostraram uma tendência ao fechamento das fronteiras aos imigrantes novos e antigos, alguns radicados há décadas nos países que os abrigaram quando precisavam de mão de obra de baixo custo. A aversão à imigração foi uma das principais razões para justificar a decisão dos eleitores britânicos de retirar seu país da União Europeia. Os debates intelectuais na Europa mostram um crescente conservadorismo xenófobo. O jornal francês *Le Monde* chama esses filósofos conservadores de *"neoreac"*, os novos reacionários, e atenta para o fato de que representantes desse grupo, como Alain Finkielkraut e Michel Déon, estão muito mais presentes na mídia do que os velhos intelectuais de esquerda, que parecem ter perdido a batalha das ideias: a lógica vencendo a ética.

Sem uma base intelectual e moral, em cada país a democracia defenderá a construção de cercas, fossos, barreiras mediterrâneas para impedir a imigração; defenderá até mesmo a expulsão de imigrantes antigos. Não expulsarão empresários bem-sucedidos, profissionais qualificados, artistas e atletas, mas tudo indica que, democraticamente, serão eleitos governos que defendam a pureza da Europa, formando um castelo continental contra as massas do mundo.

Assim como a lógica, a democracia é talvez a maior das contribuições do Mediterrâneo à humanidade, mas ela é um produto da aritmética: o poder é dado conforme a soma das vontades dos indivíduos de cada aglomerado nacional, não pelo consenso da sociedade global, da humanidade inteira. Ela tem a forte ética de respeito aos direitos da maioria dos indivíduos de cada grupo social, mas não é carregada da dimensão humanista da vontade do conjunto dos seres humanos, os vivos e os que ainda não nasceram, e do respeito à história dos que já morreram. Contando com mecanismos de defesa das minorias, é boa para atender aos interesses de curto prazo da maioria de pequenos e homogêneos grupos, mas não capta a vontade coletiva nem considera as necessidades das futuras gerações. A democracia não é perfeita para enfrentar os problemas globais e de longo prazo, como a migração em massa e o aquecimento global, não permite encontrar o rumo da solidariedade humanista. Não há presidente do mundo, nem parlamento global e, além disso, os não nascidos não votam. A democracia é o respeito pela soma dos egoísmos imediatistas da maioria de cada subconjunto da humanidade, sem compreender a globalidade humana no longo prazo.

Os refugiados nas margens do mediterrâneo não votam nas eleições nacionais europeias; e se votassem, certamente não levariam em conta os limites ecológicos que dificultam a migração dos bilhões que não cabem no estreito espaço do consumo dos ricos.

A tragédia mediterrânea desnuda as limitações do poder político para enfrentar, no mundo atual, os problemas de amanhã: a democracia cidadã criada pelos gregos e a democracia nacional criada pelos modernos Estados nacionais tomam decisões no que diz respeito ao imediato e ao local, mas são impotentes para enfrentar a crise global e de longo prazo. O homem, que pisou na Lua e enviou artefatos muito além do sistema solar, que já conhece planetas com probabilidade de condições de promover e sustentar vida e já desvendou praticamente todos os mistérios sobre como funciona a vida na Terra, ainda não foi capaz de encontrar um sistema político que una as qualidades da democracia tradicional à qualidade de uma democracia planetária e conjugue a vontade dos seres humanos em seu curto período de vida com os direitos da natureza e dos seres humanos que ainda virão: uma democracia com sentimento humanista.

Em 2009, em Copenhague, durante a reunião por ocasião da 15ª Conferência das Partes (COP-15), no âmbito da Convenção-Quadro das Nações Unidas sobre a Mudança do Clima, o presidente Barack Obama fez um pronunciamento genuíno no qual disse, entre outras coisas, que "não há presidente do mundo". Justificou suas limitações eleitorais, explicando que teria de enfrentar industriais, sindicatos e consumidores norte-americanos se defendesse medidas de proteção ambiental com o intuito de beneficiar a humanidade e as futuras gerações. O presidente Obama estava certo em seus cálculos políticos. Quando, anos depois, em seu segundo mandato, enfrentou as mesmas forças do egoísmo e do curto prazo, a própria Suprema Corte determinou a interrupção de seus atos. A Constituição norte-americana e as constituições de quase todos os países, com exceção, por exemplo, do Butão, dificultam medidas que sacrifiquem os interesses imediatos para beneficiar gerações futuras, prejudicando o emprego, o lucro, a venda e o consumo.

Quase no mesmo dia do discurso do presidente Obama, apresentei na reunião organizada pela União Interparlamentar, paralela à COP-15, sob o título "Os desafios do século XXI para os políticos",[3] os cinco problemas que a meu ver envelheceram a democracia da cidadania, impedindo-a de dar respostas aos problemas do mundo contemporâneo com uma democracia da *planetania*.

Os desafios do século XXI para os políticos

O mundo tornou-se global, mas os políticos continuam nacionais; os problemas globais afetam as futuras gerações, mas os políticos continuam prisioneiros da data das eleições seguintes. O Muro de Berlim caiu, as velhas ideologias se tornaram inconfiáveis, mas os políticos não adotaram alternativas para a atual civilização industrial; a internet permite a conexão instantânea com todos os cidadãos, mas os políticos continuam a usar os meios tradicionais para se comunicar com seus eleitores.

O papel internacional de cada líder nacional está aprisionado pelos interesses específicos e imediatos de seu país, seu povo e seus eleitores.

---

[3] Texto apresentado na reunião realizada pela União Interparlamentar durante a Conferência das Nações Unidas sobre as Mudanças Climáticas de 2009 (COP-15, Copenhague).

De certo modo, tanto a política quanto os políticos deste começo do século XXI continuam parecidos com as ágoras gregas de 2.500 anos atrás, aferrados ao conceito de Estado nacional criado há 800 anos. Ainda não avançamos rumo a um novo farol ideológico, apesar do grande salto na realidade social, econômica, científica e tecnológica das últimas décadas e dos conceitos da industrialização dos últimos 200 anos.

Estamos cercados de novas ferramentas e de novos comportamentos sociais e econômicos, mas a política ainda está presa a um velho mundo. Para adaptar a atividade política à realidade da globalização instantânea, temos de enfrentar o desafio de derrubar as cinco fronteiras que separam os políticos e a política dos dias de hoje dos políticos e da política do futuro.

a) A fronteira nacional

O mundo de hoje se encaminha para tragédias de dimensões planetárias, além das crises locais. Todas as comunidades estão conectadas e dependentes do resto do mundo. Não será possível crescer e aumentar a qualidade de vida local se continuarmos degradando o meio ambiente, ou se as desigualdades crescerem, ou se recursos vitais (como a água) e econômicos (como o petróleo) continuarem caminhando rumo ao esgotamento.

Enquanto as reuniões internacionais como a de Copenhague forçarem os líderes de cada país a defenderem os interesses de suas bases eleitorais e a olharem para o futuro pensando apenas no curto prazo, elas não terão o impacto de que necessitam a humanidade e o planeta. Os políticos dos próximos anos (assim como os representantes de seus países) precisam tornar-se líderes da humanidade.

Desde que o aquecimento global e outras tragédias ambientais se tornaram um fenômeno planetário, os políticos deveriam ter começado a olhar além de seu próprio país e de seus próprios eleitores, incorporando a dimensão global de toda a civilização. O político do futuro deve ter um pé na sua comunidade ao mesmo tempo que olha para todo o mundo.

No passado, os líderes nacionais eram também líderes utópicos, que ambicionavam exportar suas utopias para o resto do mundo. Os socialistas queriam atender a todas as demandas sociais; os capitalistas queriam aumentar a oferta do sistema econômico; os libertários queriam acabar com o colonialismo. Em vez de globalizar os líderes, a globalização os mantém como políticos nacionais e – o que é ainda pior – os transforma em chefes da economia, principalmente do comércio. Globalizamos o mundo, mas conservamos a cidadania nacional e perdemos a participação mundial.

Enquanto durou o otimismo do neoliberalismo global diante de um mundo regido pela técnica, enquanto um modelo único funcionou como paradigma, os líderes nacionais serviram às necessidades nacionais. Mas a crise ecológica, aliada à crise financeira de 2008, desmantelou o otimismo, prevendo os desastres à frente e demandando novas atitudes dos líderes nacionais, que precisavam estar muito mais comprometidos com a busca de soluções para toda a civilização. A velocidade com que se espalham as epidemias e a abrangência com que agem os terroristas força a política a sair dos limites das fronteiras nacionais.

Um novo desafio se apresenta aos políticos: tornarem-se globais ao mesmo tempo que continuam locais. Além de enfrentar problemas locais e nacionais, eles devem enfrentar riscos globais de desastres ecológicos, terrorismo internacional, armas de destruição em massa, desemprego estrutural, vulnerabilidade, migração generalizada, epidemias e outras catástrofes previstas. Precisam lidar com a desigualdade universal que destrói, silenciosamente, o sentimento de similaridade entre os seres humanos, e precisam derrubar a cortina de ouro que atravessa cada país, separando ricos e pobres, em escala global.

b) A fronteira do tempo
Até hoje, os políticos vêm trabalhando com base no curto calendário eleitoral. Mas, se é difícil deixar para trás uma visão espacial míope e trazer os problemas nacionais para a escala planetária, é ainda mais difícil mudar o horizonte de tempo, trocando a preocupação com o imediato pelas soluções de longo prazo, saltando da próxima eleição para a próxima geração.

Esse é o maior desafio para os políticos nos próximos anos: atrair eleitores propondo resultados de longo prazo, ao custo de sacrifícios imediatos, porque não é fácil esperar que os eleitores atuais entendam os problemas de décadas ou séculos à frente, nem que se disponham a aceitar custos atuais que vão beneficiar pessoas que ainda nem nasceram.

Nos próximos anos, o político preso a uma perspectiva de curto prazo relativa a seu próprio país não será um bom estadista para o mundo; não haverá político consequente que não seja um bom estrategista de longo prazo.

c) A fronteira civilizatória

Enquanto o mundo político estava dividido em grupos de países segundo a ideologia, e separado pela ideológica Cortina de Ferro, os políticos tinham apenas que escolher entre os dois lados de um mesmo padrão civilizatório.

Hoje, entretanto, o desafio é maior: conceber e construir uma nova civilização, atravessando a fronteira ideológica entre a civilização industrial dos últimos dois séculos e as propostas alternativas que vão além da civilização industrial, construindo um novo modelo de civilização no qual nossos propósitos não sejam limitados pelo crescimento econômico nacional e pela abundância de bens materiais; que exija a internalização de novos propósitos tais como o equilíbrio ecológico, a harmonia entre os seres humanos dentro de cada país e entre os países, o respeito pela diversidade cultural, a ocupação funcional de grandes fatias da população.

Particularmente, o desafio envolve a construção de uma Rede de Proteção Social e de uma Escada de Ascensão Social multinacionais, enquanto se definem os limites ecológicos do consumo da população de alta renda e a eliminação de determinados produtos e meios de produção.

d) A fronteira da consciência

Até a recente revolução nos meios de comunicação de massa, os políticos eram soberanos de seus termos e de suas ações entre as eleições. A realidade de uma comunicação aberta e instantânea obriga os políticos a uma comunicação direta, pessoal e permanente com os eleitores, bem como com os vários grupos de pressão social.

Essa comunicação imediata e direta vai desconsiderar a distância entre eleitores e eleitos e os limites entre partidos tradicionais. A cada momento, diferentes composições e novas alianças serão feitas, dissolvidas e refeitas, apresentando aos políticos desafios constantes a seus princípios e valores, mas também com novas metas e programas, novos arranjos, com o contato direto não só com seus eleitores concidadãos, mas com todos, em toda parte, em uma espécie de nova democracia direta.

Os políticos não vão encontrar facilmente uma razão filosófica para apoiar o novo pensamento político. Temos 200 anos de civilização industrial/avanço tecnológico/consumo material como "alma" do progresso. Mas eles não podem esperar pelos filósofos. Os desafios são criar novas ideologias e conseguir ser eleito. Essa não é uma fronteira fácil de ultrapassar.

Planetania

Nos últimos dois séculos, os políticos têm se dedicado à criação de uma sociedade de abundância material para os seus eleitores, com base no crescimento do PIB e da renda pessoal. O resultado foi a consciência consumista, utilitária e orientada para o mercado, que aprisiona a consciência política no curto prazo e em seus arredores, sem preocupação com os custos sociais e ambientais para o planeta. Apenas uma mudança na consciência do eleitor será capaz de formar o novo tipo de político do século XXI, preocupado com as necessidades globais e de longo prazo.

O caminho é uma revolução na educação das crianças em todo o mundo – para todos e em todos os lugares, a fim de formar novas mentes capazes de romper com o velho conceito de cidadania, a fim de dar lugar à *planetania*.

Cidadania se refere a direitos e responsabilidades dos moradores das cidades democráticas; *florestania* significa a cidadania adaptada aos moradores da floresta e a responsabilidade deles em relação ao ambiente natural onde vivem. Apesar de representar um enorme avanço, esse novo conceito ainda ficou restrito. A civilização de hoje exige um salto que vá além da cidadania e da *florestania* locais, que ofereça uma visão de cidadania e *florestania* em escala mundial: a *planetania*.

A *planetania* deve ter cinco características essenciais.

Primeira, diferentemente da cidadania e da *florestania*, ela deve ser global. Cada país faz parte do condomínio Terra, cada pessoa não é somente cidadã de um país: faz parte da humanidade. Ao agir nos limites de cada nação, a cidadania restringe a influência do indivíduo em relação a assuntos que dizem respeito ao ser humano em escala global. Os problemas de hoje exigem enfrentamentos globais. A cidadania não pode mais se limitar às eleições dentro de um país ou de uma cidade, ela deve levar em conta a responsabilidade e os direitos de cada cidadão para com o mundo.

Segunda, a *planetania* precisa estar relacionada com a natureza. Não há cidadania moderna que não leve em conta o meio rural, as florestas, a água, a terra produtiva. A simples relação política entre os seres humanos, independentes da natureza, não permite a construção do mundo melhor que a cidadania busca.

Terceira, a *planetania* deve ser socialmente solidária em escala global. Em um tempo em que as informações correm o planeta de maneira quase instantânea, qualquer lugar do mundo pode estar dentro de qualquer sala em qualquer outra parte do mundo e o sofrimento de qualquer pessoa deve ser um sofrimento global. Ninguém deve assistir em silêncio às tragédias provocadas pelas doenças na África, à crise do desemprego na Europa, aos desastres da migração no Mediterrâneo.

Quarta, a *planetania*, diferentemente da cidadania, tem uma percepção de longo prazo dos assuntos do mundo. A cidadania busca defender os interesses imediatos e pessoais dos cidadãos de hoje, no máximo, os interesses de curto e médio prazos das cidades ou do país. A *planetania* olha com responsabilidade para o longo prazo e para todo o planeta.

Quinta, a *planetania* significa um compromisso global com a educação no mundo inteiro, com a garantia de igualdade de oportunidades a cada indivíduo e a criação de uma mentalidade planetária. Em vez de centrar o processo civilizatório e o desenvolvimento no avanço e no crescimento econômico, a *planetania* defende uma revolução global pela educação de qualidade igual para todos.

A formação de uma imensa *ágora cibernética*, integrando todos os seres humanos contemporâneos no debate das questões planetárias, não resolveria o problema, porque não incorporaria o futuro, apenas a vontade imediata de todos os indivíduos atuais, com suas vontades e seus egoísmos decorrentes da voracidade e da consciência da curta vida de cada um. Ainda que a inteligência artificial pudesse ser usada para avaliar os resultados, no longo prazo, das decisões dos 7,5 bilhões de seres humanos atuais, dificilmente esse supercérebro estaria livre dos imediatismos daqueles que os programaram, e, se estivesse, seria desautorizado pelos homens em rebelião contra a máquina defensora da humanidade. A única alternativa seria uma, ainda improvável, inteligência artificial e independente que substituiria os políticos, mas isso significaria a desumanização da política.

Entretanto, da mesma maneira que os dados sobre o aquecimento global e os riscos das mudanças climáticas nos despertaram para a gravidade do desequilíbrio ecológico, a crise da imigração no Mediterrâneo pode despertar a humanidade, especialmente na Europa, para a necessidade de humanizar a democracia antes que ela envelheça e se torne incapaz de enfrentar os grandes problemas da contemporaneidade: a crise ambiental, as migrações em massa e a substituição dos seres humanos por máquinas. Aylan morreu nas águas do mesmo Mediterrâneo onde a democracia e a lógica floresceram, 2.500 anos antes; seu corpo foi encontrado a poucos quilômetros da praia onde Platão caminhava, possivelmente enquanto formulava as bases do que depois seria o humanismo e suas consequências técnicas, científicas, sociais, ecológicas e econômicas, que caracterizam a civilização de um *homo-encruzilhada*.

    A inteligência e seu papel libertador, vetores do progresso, nasceram nas caminhadas de Platão às margens do Mediterrâneo, na Grécia, e naufragaram nas águas desse mesmo mar, do outro lado, na praia onde foi encontrado o corpo sem vida de Aylan. As ondas do mar Mediterrâneo despertaram assim nossa consciência para o maior de todos os monstros: a própria civilização ocidental, com sua arrogância sem ética no uso do conhecimento e sua voracidade estúpida pelo consumo, explorando os recursos naturais a fim de encher os bolsos dos indivíduos, lotar as ruas de automóveis, as lojas, de bens supérfluos, ao mesmo tempo que se esvazia a alma dos homens que aceitam exaurir os recursos, perturbar o equilíbrio ecológico, endividar as famílias, dividir a humanidade, ameaçar o futuro, apenas para aumentar a quantidade de produtos econômicos à disposição dos poucos que podem pagar por eles. Barrados do outro lado do mar, aqueles que não cabem na modernidade são obrigados a se contentar com desejos vãos, mas sobretudo com um enorme vazio no estômago e na alma. Além da raiva, que, na ausência das alternativas revolucionárias do final do século XIX e do século XX, é um dos fatores que fomentam as ameaças terroristas.

A Era das Eras, a internacionalização da Terra, os parlamentares sem fronteiras

Neste início do século XXI, o *homo-encruzilhada* vive quatro eras:

- *era antropocena*, em que os homens têm o poder de manipular o planeta, desequilibrando as forças naturais;
- *era do conhecimento*, em que a humanidade dispõe de um crescente acervo de saber;
- *era robótica*, em que a inteligência artificial, a nanotecnologia e as tecnologias da informação permitem substituir, cada vez mais, o trabalho humano por máquinas inteligentes;
- *era da conectividade*, em que as pessoas e máquinas estão cada vez mais conectadas ao redor do planeta.

Sem valores éticos norteadores, porém, essa "Era das Eras" levará a civilização para tempos de: desequilíbrio ecológico, desigualdade social, depressão, desemprego, desregulamentação política, medos globais e limites econômicos, impedindo a construção de uma *era da convivialidade* aliada a uma *era da liberdade: era da convivialiberdade*.

Em setembro de 2000, em Nova York, em um evento patrocinado pelo State of the World Forum, fui questionado sobre minha opinião a respeito da internacionalização da Amazônia. O jovem que fez a pergunta, sentado no chão diante de mim, introduziu-a dizendo que esperava a resposta de um humanista, não de um brasileiro. Foi a primeira vez que um debatedor determinou a ótica humanista como o ponto de partida para uma resposta minha.

Respondi que, de fato, como brasileiro eu simplesmente falaria contra a internacionalização da Amazônia. Por mais que os nossos governos não tenham o devido cuidado com esse patrimônio, ele é nosso. Respondi, porém, que, como humanista, sentindo o risco de degradação ambiental que ameaça a Amazônia, podia imaginar a sua internacionalização, desde que fosse acompanhada da internacionalização de tudo o mais que tem importância para a humanidade.

Se a Amazônia, sob uma ótica humanista, deve ser internacionalizada, internacionalizemos também as reservas de petróleo do mundo inteiro. O petróleo é tão importante para o bem-estar atual da humanidade quanto a Amazônia para o nosso futuro. Apesar disso, os donos das reservas sentem-se no direito de aumentar ou diminuir a extração de petróleo, fazendo subir ou descer o seu preço, e os ricos do mundo sentem-se no direito de queimar esse imenso patrimônio da humanidade para promover sua ânsia de consumo.

Da mesma forma, o capital financeiro dos países ricos deveria ser internacionalizado. Se a Amazônia é uma reserva para todos os seres humanos, ela não pode ser explorada de acordo com a vontade de um dono ou de um país. As queimadas na Amazônia são tão graves quanto o desemprego provocado pelas decisões arbitrárias dos especuladores globais. Não podemos deixar que as reservas financeiras sirvam para arrasar países inteiros na volúpia da especulação.

Antes mesmo da Amazônia, eu gostaria de ver a internacionalização de todos os grandes museus do mundo. O Louvre não deve pertencer apenas à França; cada museu do mundo é guardião das mais belas peças produzidas pelo gênio humano. Esse patrimônio cultural, assim como o patrimônio natural amazônico, não pode ser manipulado ou destruído de acordo com os desejos e interesses de um proprietário ou de um país. Não faz muito tempo, um milionário japonês decidiu enterrar com ele um quadro de um grande mestre. Antes disso, o quadro deveria ter sido internacionalizado.

Durante o encontro em que me foi feita a pergunta, as Nações Unidas reuniam o Fórum do Milênio, mas alguns presidentes tiveram dificuldades em comparecer devido a constrangimentos na fronteira dos Estados Unidos. Por isso eu disse que Nova York, como sede das Nações Unidas, deveria ser internacionalizada. Pelo menos Manhattan deveria pertencer a toda a humanidade. Assim como Paris, Veneza, Roma, Londres, Rio de Janeiro, Brasília, Recife, cada cidade, com sua beleza específica, sua história, deveria pertencer ao mundo inteiro.

Se os Estados Unidos querem internacionalizar a Amazônia devido ao risco de deixá-la nas mãos de brasileiros, internacionalizemos também os arsenais nucleares dos Estados Unidos. Até porque eles já demonstraram que são capazes de usar essas armas, provocando uma destruição milhares de vezes maior do que as lamentáveis queimadas nas florestas do Brasil.

Internacionalizemos as crianças, tratando-as, todas elas, não importa o país onde nasceram, como patrimônio que merece ser cuidado por todo o mundo. Ainda mais do que a Amazônia. Quando os dirigentes tratarem as crianças pobres do planeta como patrimônio da humanidade, não deixarão que elas trabalhem quando deveriam estudar, que morram quando deveriam viver.

Concluí dizendo que, como humanista, aceitava defender a internacionalização do mundo. Mas, enquanto o mundo nos tratar de acordo com a nossa nacionalidade, como brasileiro, lutarei para que a Amazônia seja nossa. Só nossa.

Essa resposta foi transformada em um artigo de grande sucesso, publicado no meu livro *Os instrangeiros* e depois incluído no livro *100 discursos históricos brasileiros*, de Carlos Figueiredo.[1] Por algum tempo achei que esse sucesso era decorrente da lógica humanista na defesa do que chamei de internacionalização do mundo. Um dia, porém, Sebastião Salgado, nosso grande fotógrafo, um dos mais convictos *humanistas planetários*, me disse que havia discordado da última frase da resposta-artigo-discurso. Entendi que ele tinha razão: do ponto de vista humanista, se um país não é capaz de cuidar da parte que lhe cabe da Terra, a humanidade precisa assumir essa responsabilidade, internacionalizando-a. Percebi, pela posição de Sebastião Salgado, que muitos gostaram da resposta exatamente por causa de sua última frase: um discurso humanista internacionalista acabou seduzindo o público por seu lado nacionalista brasileiro, o que mostra quão distantes estamos de um humanismo planetário.

---

[1] Belo Horizonte, Leitura, 2003.

Sugeri em diversos momentos que o caminho é definir regras éticas internacionais que se sobreponham às vontades das maiorias políticas nacionais, a fim de regular o funcionamento da democracia nacional na construção de um Condomínio Terra. Para isso, em "A internacionalização da Terra"[2] propus um marco ético internacional como forma de permitir que a democracia nacional enfrente os problemas da globalização, lançando mão da internacionalização de alguns dos patrimônios e problemas contemporâneos.

Uma alternativa para superar essa dificuldade da prática política local e imediata é a proposta do movimento Parlamentares Sem Fronteiras, que lancei em 2014 e que resultou na criação, em março de 2015, com o copatrocínio do ganhador do prêmio Nobel da Paz Kailash Satyarthi, do primeiro movimento em uma reunião em Kathmandu, no Nepal: o movimento Parlamentares Sem Fronteiras pelos Direitos das Crianças do Mundo. Em janeiro de 2016, durante o Congresso do Futuro, em Santiago, junto com os senadores Guido Girardi, do Chile, e Wellington Fagundes, do Brasil, lançamos a proposta para o movimento Parlamentares Sem Fronteiras pelo Futuro do Planeta e da Humanidade.

---

[2] Texto apresentado na abertura da sexta edição do bate-papo da Associação do Comércio de Minas Gerais, em Belo Horizonte, em maio de 2012.

A internacionalização da Terra

Condomínio Terra: no mundo global, e diante do imenso poder da técnica para manipular todo o planeta, ameaçar o equilíbrio ecológico e sacrificar o futuro das gerações, a Terra deve ser vista como um condomínio, onde cada um pode ser soberano dentro de seu apartamento, mas precisa respeitar regras comuns. Uma pessoa não pode queimar seus móveis, mesmo que sejam seus; não pode deixar a torneira aberta a noite toda, mesmo quando paga a conta; não pode fazer barulho no horário de descanso dos vizinhos.

A Terra é um condomínio de países, cada um soberano, com sua própria riqueza, mas submetido às regras do interesse comum.

Para tanto, em vez de mantermos o discurso da defesa da soberania sobre os nossos recursos, precisamos avançar na defesa da internacionalização dos recursos de cada país.

Mais do que as tímidas – e não respeitadas – medidas propostas em Quioto, de reduzir as emissões de dióxido de carbono que comprometem o equilíbrio ecológico, a civilização precisa caminhar na direção de internacionalizar diversas partes da Terra.

Internacionalização das grandes florestas: Sem ignorar a soberania de cada país, são necessárias regras que definam os limites para a manipulação e a transformação econômica de florestas. Começando com a Amazônia, o Brasil precisa propor seus próprios limites e aceitar regras e fiscalização internacionais que limitem a queima, o desmatamento e a ocupação. Ao mesmo tempo, deve exigir que se faça o mesmo nas grandes florestas que ainda restam no mundo, como as da Sibéria, da África Central, de partes da Europa ocidental, dos países escandinavos, do Canadá e ainda, embora pouco, dos Estados Unidos.

Ao mesmo tempo, a ideia de internacionalização das florestas não deve se limitar à proteção dos biomas sobreviventes: deve-se fazer um esforço mundial para recuperar aquelas que já foram destruídas, como Sebastião Salgado faz, com seus próprios recursos, em uma área de quase 1.000 km² de Mata Atlântica.

Internacionalização dos polos, dos oceanos e do espaço: Um tratado assinado em 1º de dezembro de 1959 internacionalizou a Antártida e o polo sul. Mas o polo norte continua propriedade dos países que lhe fazem fronteira. O resultado é a voracidade, especialmente das grandes empresas russas e norte-americanas, na exploração dos recursos lá existentes, especialmente o petróleo, com os consequentes riscos para aquela região, que não pode pertencer a apenas alguns países e pessoas. O polo norte, como o polo sul, deve ser internacionalizado e pertencer aos 7,5 bilhões de seres humanos de hoje e a todos os seus descendentes.

Mas o que se observa é que a exploração de petróleo, mesmo nas regiões com soberania nacional, pode trazer consequências negativas para o equilíbrio ecológico. A situação é igualmente grave no que se refere à maneira como, nas últimas décadas, os oceanos vêm sendo explorados de maneira irresponsável por países e empresas. Os oceanos devem ser internacionalizados, não apenas em documentos legais, mas também na prática, por um sistema de vigilância que assegure o cuidado necessário a esse patrimônio da humanidade.

O espaço sideral tampouco pode ficar à disposição dos países com tecnologia para ocupá-lo e nele descartar lixo composto de pedaços de astronaves.

Política fiscal verde internacional: De pouco adiantam acordos como o de Quioto se não definirmos uma política de penalização e alívio fiscal no que diz respeito ao uso de recursos naturais e produtos econômicos. O equilíbrio ecológico exige que o uso de poluentes e a exploração de recursos esgotáveis sejam penalizados e que o uso de bens e recursos "verdes" seja incentivado.

Não é difícil, tecnicamente, elevar impostos sobre combustíveis fósseis ou automóveis privados, penalizar o consumo excessivo de energia e água e dar incentivos à produção e ao uso de baterias solares, geradores eólicos, veículos de transporte de massa, bicicleta, etanol.

Mas de pouco adiantará uma política fiscal verde se ela ficar restrita a cada país. Para funcionar satisfatoriamente, a política fiscal deve ser internacionalizada.

Internacionalização do sistema bancário: O sistema bancário é a mais internacional de todas as atividades humanas, ainda mais do que o uso da internet, porque a internet sofre com as barreiras dos diferentes idiomas, enquanto o sistema bancário atua livremente pelo mundo, no idioma do economês. Mas ele assume a forma de um poder independente dos governos e sem compromisso com os países, ou mesmo com a economia. No que diz respeito ao sistema financeiro, a internacionalização da Terra consiste na imposição de regras que obriguem cada país a respeitar os interesses coletivos de toda a humanidade. É preciso colocar os sistemas financeiros dos paraísos fiscais sob controle internacional.

Internacionalização da luta contra a corrupção e contra todas as formas de tráfico: A corrupção nas relações entre os setores público e privado sempre foi uma das maiores pragas e uma das principais causas da ineficiência dos sistemas sociais. Com a globalização, a partir do final do século XX, a corrupção atingiu escala mundial. A luta contra a corrupção não será possível dentro dos limites nacionais. Além da internacionalização da luta contra a corrupção, deve ser empreendida uma campanha de internacionalização do combate a todas as formas de tráfico: de órgãos, de mulheres, de escravos, de crianças, de drogas.

Internacionalização do acesso ao conhecimento científico e tecnológico: Anualmente morrem ainda cerca de 2 milhões de pessoas vítimas de aids e outros 60 milhões vítimas de doenças para as quais já existe cura, mas a propriedade de patentes e a mercantilização do saber fazem com que as pessoas morram nas portas de farmácias abarrotadas de remédios ou nas portas de hospitais onde há equipamentos capazes de salvar vidas. O custo do conhecimento impede o uso do conhecimento.

O mundo precisa internacionalizar o conhecimento científico, levando em conta, porém, que sem o lucro das empresas o avanço fica limitado. Com o lucro, as pessoas morrem mesmo que haja remédios capazes de curá-las; sem o lucro, os remédios não serão produzidos. A solução é criar regras internacionais que permitam financiar as pesquisas com recursos públicos, limitando o lucro e permitindo a distribuição dos resultados do conhecimento. A OMS pode ser a responsável institucional por essa racionalização ética internacionalizada.

Esse acesso não pode se limitar ao uso dos produtos do conhecimento, é preciso internacionalizar o próprio processo científico, por meio da abertura das revistas científicas a todos os pesquisadores, não importa o país onde trabalhem.

Internacionalização do ensino superior: Um dos fenômenos mais positivos das últimas décadas foi a ampliação do número de estudantes e professores no ensino superior no mundo. Em 1990, o total era de 2,3 milhões de professores e 60 milhões de estudantes. Hoje, segundo a Unesco, o total é de 11 milhões de professores e 177 milhões de estudantes, um aumento considerável.

Contudo, apesar da integração das bibliotecas, da convivência, da instantaneidade no intercâmbio de ideias, as universidades ainda funcionam de maneira relativamente isolada e com o velho sistema de ensino presencial.

O mundo precisa internacionalizar suas universidades e todo o ensino superior, em um intercâmbio que permita que alunos estudem, professores ensinem e todos aprendam em escala global, sem barreiras entre os saberes nem entre o reconhecimento de diplomas. Obviamente, com a imensa desigualdade nos recursos disponíveis e na qualidade de cada centro universitário, uma integração assim não pode acontecer de forma automática e imediata, mas é preciso definir uma estratégia para que essa internacionalização ocorra no prazo de vinte a trinta anos.

Internacionalização dos programas sociais para mitigar a pobreza do mundo: A internacionalização do mundo tem ocorrido da maneira mais perversa: as dez pessoas mais ricas do planeta detêm uma renda equivalente à de 210 milhões de outras pessoas. São mais ricas do que 95 dos países existentes. O mundo foi internacionalizado e a Terra tem donos: um pequeno número de pessoas que detêm o controle das comunicações, do capital industrial ou financeiro, de determinadas marcas de produtos. A realidade deste começo do século XXI é de um Mundo-Terceiro--Mundo, dividido entre um primeiro-mundo-internacional-dos-ricos e um arquipélago-social-dos-pobres (*gulag* social). Separando esses dois, há uma cortina de ouro, mais visível e palpável do que a antiga cortina de ferro.

A desigualdade entre o 1 bilhão de habitantes do *primeiro-mundo-internacional-dos-ricos* e os 6,5 bilhões do *arquipélago-gulag-social-dos-pobres* tem aumentado tanto que a cada dia fica mais difícil manter o sentimento de semelhança entre as duas partes.

É preciso promover a boa internacionalização da Terra, derrubando a *cortina de ouro*. Para tanto, o mundo precisa se comprometer com um programa global de luta contra a pobreza por meio da educação. A internacionalização pode ser realizada por meio da universalização dos programas de Conditional Cash Transfer (Transferência Condicionada de Recursos) e por um plano global de luta pela erradicação da pobreza. Graças a esse plano seria possível internacionalizar uma utopia, construindo uma sociedade mundial na qual ninguém estivesse abaixo de um piso social, e ninguém pudesse consumir acima de um teto ecológico; entre os dois, a escola funcionaria como uma escada de ascensão social.

Mas isso são apenas ideias, sem viabilidade no momento.

A esquizofrenia do *Homo sapiens*, a quebra da semelhança, os fabricantes da tragédia, a ressurreição de Adolf Hitler

Não há motivos para otimismo diante da crise civilizatória, explicitada pela *metáfora mediterrânea* e pela crise do aquecimento global. A mente antropocena é doente, como previu Arthur Koestler há sessenta anos, muito antes da Era Antropocena, ao formular a ideia de que o poder técnico de domar a natureza, sem uma ética que o regule, é decorrência de um erro na mutação biológica que formou o *Homo sapiens*: ela permitiu o desenvolvimento da razão lógica sem uma evolução na razão do propósito da espécie.

De um lado do cérebro, uma lógica capaz de tudo entender; do outro, no mesmo cérebro, uma voracidade primitiva capaz das piores maldades para realizar seu egoísmo. Com a mesma voracidade com que o homem primitivo comia além do que precisava por temer a falta de comida, o homem moderno consome mais do que precisa. O resultado dessa esquizofrenia coletiva da espécie humana levará, segundo Koestler, ao suicídio do *Homo sapiens*: sua força será sua forca. Mais uma vez a imagem grega do rei Midas, forjada na Antiguidade às margens do Mediterrâneo, serve como metáfora para o mundo moderno. Como não há recursos suficientes para todos, o Mediterrâneo pode ser usado como barreira de exclusão. A percepção da limitação de recursos foi despertada por um gesto dessa civilização poderosa e sem ética: a bomba atômica em Hiroshima.

Poucos artefatos da engenharia denunciam mais a estupidez da inteligência humana do que a bomba atômica e os bombardeiros capazes de transportá-la. São como a inteligência de um bombeiro piromaníaco descontrolado ou de um cientista genial que cria uma jaula inexpugnável para aprisionar a si próprio. A ideia da bomba atômica também vale para o sistema social e econômico da civilização industrial: ela pode produzir quase tudo, mas é incapaz de interromper a ganância com que produz e consome, mesmo sabendo das consequências nocivas e perversas dos seus produtos e do seu lixo. Junte-se ao consumo voraz a ganância do capital por mais lucro e está formada a equação da maldade e da estupidez da inteligência social.

Ali mesmo no Mediterrâneo, há 2.500 anos, a racionalidade grega deu início ao divórcio entre pensar e sentir, mas foi no dia de 6 agosto de 1945 que o divórcio se consumou por fim, quando a racionalidade foi usada para matar mais de 200 mil pessoas, sendo que milhares delas nos primeiros minutos, com um único movimento de um bombardeiro B-29 que jogou a bomba atômica sobre Hiroshima; e logo depois, no dia 9, em Nagasaki, para que não houvesse dúvida de que foi um produto humano com o poder devastador de um furacão ou um terremoto. Foi o preço do despertar da humanidade para os monstros criados pelo saber.

Na primeira vez que fui ao Museu Memorial da Paz de Hiroshima, me impactou um relógio marcando o exato instante em que o homem mostrou seu poder absoluto de transformar a natureza, até as entranhas dos átomos, usando-o para o mal. O japonês Akito Kawagoe, que o usava naquele fatídico e simbólico instante, sobreviveu por dias queimado e soterrado, mas o relógio parou no exato momento da tragédia histórica, às 8h45 do dia 6 de agosto de 1945. Sete décadas depois, quase no mesmo dia do ano, Aylan foi encontrado na praia turca. O instante capturado na foto que mostra o menino morto também simboliza o mal causado pelo uso da técnica sem ética e a serviço da construção de um sistema social e econômico que explode como uma bomba atômica silenciosa e em câmera lenta.

O estrondo da primeira bomba atômica jogada sobre a população de uma cidade japonesa despertou o medo de monstros científicos; o silêncio do corpo de uma criança morta que foi parar em uma praia turca despertou o medo dos monstros sociais. A ciência criou o monstro, o monstro impulsionou o medo e o medo mostrou os riscos do poder que o conhecimento pode construir.

Até recentemente, acreditava-se que os monstros e os medos eram fruto da ignorância; a inteligência iluminaria o mundo lógico, daria fim à crença em monstros e ajudaria a construir utopias harmônicas: a realidade desmentiu essa visão. Desde então, outros medos têm surgido de outros monstros criados pela inteligência humana.

Ao longo dos séculos, a mente humana previu os riscos da criação desses monstros. Um bom exemplo é o livro *Frankenstein*, de Mary Shelley, publicado em 1818; ou os mitos gregos da Caixa de Pandora e do rei Midas. Agora, essas ameaças se fazem reais diante do poder da razão no vazio da ética: os efeitos da atual Era Antropocena, em que o homem tem o poder de manipular a realidade do planeta, provocando mudanças climáticas e migração em massa, manipulando a vida, construindo a inteligência artificial.

A migração em massa através do Mediterrâneo explicita a realidade social do descarte dos seres humanos em tempos de automação pela robótica. Até alguns anos atrás, os imigrantes eram bem recebidos para desempenhar determinados trabalhos. Eram uma mão de obra barata necessária; agora são seres humanos descartáveis. Da mesma maneira que 45 mil anos atrás o *Homo sapiens* fez com seu parente *Homo neanderthalensis*.

Em agosto de 2001 fiquei hospedado na casa de praia do financista George Soros, na cidade de Southampton, estado de Nova York, para debater a possibilidade de difundir o programa Bolsa-Escola como forma de reduzir os déficits sociais no mundo. No jantar estava James Watson, que, junto com Francis Crick, foi o descobridor da estrutura da molécula do DNA, que permitiu entender o funcionamento mais íntimo da estrutura da vida, por meio do código genético. Na conversa à mesa, fui repreendido pelo grande cientista quando, citando meu livro *A cortina de ouro*, afirmei que havia um risco de que a biotecnologia, orientada pela ética da aceitação de um mundo desigual, levaria a uma mutação biológica que dividiria a espécie humana outra vez entre seres ricos superiores em longevidade, saúde e inteligência, um *neo-Homo sapiens*, e seres inferiores com as características dos atuais pobres, os *neo-Homo neanderthalensis*. Ele disse que isso era ridículo, mesmo quando afirmei que a divisão se daria a partir do nascimento, sem transmissão genética. Passaram-se apenas cerca de quinze anos desde então, e sabe-se hoje que isso já está sendo feito com animais e que nada impede a ciência de aplicar o mesmo aos seres humanos.

Em breve os habitantes do *primeiro-mundo-intelectual-dos--ricos* se beneficiarão dos instrumentos criados pelo avanço técnico-científico, utilizarão equipamentos médicos e de informática para melhorar suas performances, se diferenciarão dos pobres, que deixarão de ser vistos como seres humanos semelhantes.

Ao comparar a velocidade do progresso científico com a lentidão com que avançam as bases da revolução mental, tudo indica que a ética e a política não serão capazes de controlar essa evolução diferenciada, até porque os detentores do poder e da técnica são os formadores da ética e da política e fazem parte do embrião dos *neo-Homo sapiens*. A não ser que ocorra uma radical revolução na mente humana, tudo indica que haverá uma evolução genética que beneficiará apenas uma parte da humanidade.

Seria exagero considerar a possibilidade da combinação de seres humanos com os novos equipamentos da *bioneuro--nano-tecnologia*, o que daria origem a um ser humano em parte biológico, em parte cibernético? O que esperar desses seres no futuro?

Quem assistiu ao filme *2012* lembra como os ricos pagaram para conseguir lugar nas imensas arcas que levariam pelos mares os sobreviventes do cataclismo mundial. A um custo muito menor e com mais possibilidade de êxito, a biotecnologia poderá ser usada como uma espécie de transporte para uma vida mais longa, mais saudável e mais inteligente, a ser comprada pelos ricos.

Quando a estupidez se desnuda diante das invasões dos "bárbaros imigrantes" despossuídos, a Europa cai na hipocrisia e no horror. O horror de deixar de lado séculos do discurso cristão da semelhança entre os seres humanos, as aventuras intelectuais utópicas do Renascimento e décadas da promessa modernista de que os benefícios do progresso da civilização industrial se espalhariam pelo mundo, e descobrir-se obrigada a construir cercas e barreiras no seu território, usando o Mediterrâneo como uma espécie de muralha intransponível, ou o Ártico como um mediterrâneo branco de gelo e neve, transformado em barreira contra os desesperados que mesmo assim tentam atravessar, até mesmo de bicicleta, da Síria à Noruega, cruzando o imenso território russo. Horror que em breve lançará mão de metralhadoras e dentro de algumas décadas desenvolverá alguma nuvem química ou biológica que faça desaparecer os imigrantes que chegam. Nuvem branca criada pelo saber científico para barrar a maré negra e morena que tenta chegar ao território branco europeu, sagrado em seu bem-estar, seu conforto e seu vazio ético.

O europeu Adolf Hitler fez coisas desse tipo contra os que não se enquadravam no seu ideal de raça germânica: ciganos, comunistas e especialmente judeus. Hoje dizem que é diferente. Hitler empurrava os judeus para dentro de trens que os levavam para campos de trabalho forçado e para a morte nas câmaras de gás; hoje, são os africanos e sírios que tomam os barcos "voluntariamente", pagando o valor cobrado pelos traficantes a fim de fugir da fome e das bombas.

Tudo indica que o debate atual e que vai se estender pelos próximos anos na Europa será técnico, sobre como barrar a entrada de refugiados, e não ético, sobre como evitar a necessidade de partir em busca de refúgio. Alguns defenderão a abertura das fronteiras. São os éticos e ingênuos, que ficarão política e moralmente isolados da maioria, que preferirá viver encastelada com seus privilégios e defenderá o fechamento das fronteiras e o emprego das armas necessárias para impedir a entrada de novos imigrantes e até expulsar os antigos – os politicamente pragmáticos e eticamente desviados.

Ainda são raros aqueles que partem de uma visão global dos seres humanos iguais em direitos e percebem os limites do modelo socioeconômico do consumismo em incorporar todos os que precisam de abrigo, propondo assim um sistema que permita tornar desnecessária a emigração. Não se trata de abrir as portas da Europa a todos os pobres do mundo, nem de barrar a entrada no continente europeu dos que precisam de abrigo para sobreviver, mas sim de oferecer incentivos para que não precisem atravessar o Mediterrâneo.

Lembrando ainda que a fome e as guerras foram em grande parte provocadas por decisões tomadas pela Europa e pelos Estados Unidos. Não fossem a desarticulação da economia tradicional na África e as longas guerras civis com apoio de fora, o fluxo de migração em massa provavelmente não estaria acontecendo; se nos últimos quatro anos não houvesse apoio de alguns países estrangeiros fornecendo armas aos grupos em guerra, a crise na Síria não teria assumido o grau de horror atual.

As fronteiras que dividem o Oriente Médio e a África foram desenhadas nas escrivaninhas de políticos europeus ao longo do século XIX. Com enorme sucesso, eles conseguiram criar nações com base em tratados redigidos por diplomatas europeus aliados a elites locais. Agora, quando as vontades afloram, muitas vezes carregando características arcaicas para a visão europeia dos novos tempos, o mundo se assusta com a força de grupos contrários à tradição ocidental. Mas continua sem se dar conta do *erro do sucesso* das imposições feitas pelos tratados diplomáticos do passado recente; não percebe a fronteira social entre riqueza e pobreza que o Mediterrâneo simboliza.

Uma das provas do *erro do sucesso* da civilização industrial é a forte atração que ela exerce sobre as massas do mundo em busca dos produtos e das cidades que ela inventou e oferece, aparentemente, a todos. Mesmo sem guerras, a riqueza atrai a pobreza na razão direta da desigualdade e na razão inversa do quadrado da distância entre elas; por isso, quanto maior a diferença no êxito entre duas sociedades e quanto mais perto elas estiverem, maior será o fluxo de migrantes. A Europa está condenada a atrair milhões de estrangeiros, e os espaços dos ricos a atraírem bilhões de deserdados sociais.

Prova adicional dos *erros do sucesso* está no uso dos equipamentos modernos que facilitam tanto os movimentos de migração quanto a ação do terror: sem os gigantescos aviões teria sido impossível derrubar as Torres Gêmeas; sem os celulares e seus aplicativos seria difícil a enorme dimensão do fluxo migratório. A modernidade faz os equipamentos que assaltam a própria modernidade.

No lugar da autocrítica, da percepção do erro de seu sucesso, a Europa se organiza para barrar os imigrantes, disfarçando as cercas de maneira hipócrita por meio de cotas, como se alguns milhares que são incluídos justificassem a exclusão de milhões, como se a Lista de Schindler justificasse a perseguição aos judeus.

Os hipócritas que cometem o crime de condenar os imigrantes à exclusão alegam lutar contra traficantes de seres humanos e não contra os imigrantes em si. Para eles, a culpa é de algumas dezenas de criminosos contrabandistas de gente que tiram milhões de refugiados de suas casas prometendo levá-los para o paraíso: as armas, as cercas, os aviões seriam contra algumas dezenas desses contrabandistas, não contra os milhões de refugiados.

Isso fazia sentido quando, em 1810, a Inglaterra proibiu o tráfico de escravos no oceano: os traficantes tiravam os africanos do seu ambiente natural e do sistema social em que viviam, em aldeias extremamente pobres, mas equilibradas, e os levavam para o inferno da escravidão nas Américas. Agora, os refugiados fogem do inferno. Alguns mafiosos, como os "coiotes" na fronteira dos Estados Unidos com o México, se aproveitam disso, mas a migração é motivada principalmente pela guerra e pela fome, e pela forte atração da riqueza. Pelo erro, portanto, do sucesso.

Mas há os que não são hipócritas: são simplesmente egoístas e racistas, embora ainda disfarcem no discurso, posando de cristãos e democratas. Depois de terem o estoque necessário de trabalhadores e de os usarem para realizar os serviços mais pesados e degradantes; agora, com a abundância de mão de obra, com o uso cada vez mais extensivo de máquinas e com o aumento do desemprego, resultante de erros financeiros e fiscais, rejeitam os trabalhadores importados, reafirmam que a Europa é dos brancos e cristãos e que tem o direito de não abrigar novos imigrantes. Por séculos os sequestraram na forma de escravos, por décadas os receberam como mão de obra barata, e agora os rechaçam como imigrantes. E se dizem cristãos e democratas, herdeiros da Grécia antiga, discípulos de Cristo e do Iluminismo. Se estivesse vivo hoje, setenta anos depois de sua morte com Eva Braun e seu cão Blondi, Hitler estaria orgulhoso dos sentimentos nacionalistas e racistas de parte da população europeia, inclusive de muitos intelectuais e políticos.

Em vez de com Cristo e com o Iluminismo, os xenófobos europeus estão alinhados com Hitler e com o nazismo, e insensíveis à gratidão histórica. Não são cristãos, porque para um cristão a palavra imigrante carece de sentido, já que todos são filhos de Deus, irmãos em Cristo, habitantes da Terra, não havendo, portanto, justificativa para muros cercando casas nem fronteiras separando países. Tampouco são humanistas no sentido iluminista, porque a humanidade é a verdadeira pátria de cada ser humano. Aparentemente, a Europa caminha para tirar a máscara, escolhendo ignorar o fato de que durante séculos foi um continente de onde se migrou para as Américas. O papa Francisco, líder supremo de todos os católicos, é filho de um imigrante italiano que se estabeleceu na Argentina. Ao longo dos séculos xix e xx, 50 milhões de europeus cruzaram o Atlântico como os africanos e sírios tentam agora cruzar o Mediterrâneo, fugindo da fome, da pobreza, do impacto de guerras. E foram recebidos de braços abertos, seus filhos se tornaram presidentes, como a ex-presidenta do Brasil, Dilma Rousseff, e o presidente dos Estados Unidos, Barack Obama.

Piores do que os europeus protegidos pelo Mediterrâneo são os ricos dos *países-com-maioria-da-população-pobre*, ilhados, cercados, protegidos de seus próprios pobres. Os ricos da Ásia, América Latina e África acusam os europeus, esquecendo-se dos mediterrâneos que cercam suas casas, escolas, hospitais, lojas e hotéis para impedir a imigração de seus próprios compatriotas pobres em busca de abrigo, estudo, saúde, comida, lazer. Os ricos de fora da Europa são insensíveis aos seus mediterrâneos invisíveis; apenas o Mediterrâneo de fato é visto como uma barreira vergonhosa; só os migrantes sírios e africanos, náufragos, despertam tristeza e solidariedade enquanto buscam a Europa. Os migrantes que estão ao nosso lado não são percebidos. Considera-se que mesmo a reduzida imigração de haitianos para o Brasil é uma catástrofe para o país, mas não se vê catástrofe na emigração forçada pela tragédia natural e social no Haiti.

Um Plano Marshall Social dentro do espírito da teologia da harmonia do papa Francisco

Com a lei de gravidade social que leva cada nação rica a atrair imigrantes de nações pobres, a Europa está condenada a receber multidões que atravessarão o Mediterrâneo, tal como no passado os judeus atravessaram o mar Vermelho e os europeus atravessaram o Atlântico. Diante dessa situação, à Europa restam três alternativas:

- abandonar seus valores éticos e construir barreiras, isolando-se em um imenso castelo continental;
- abrir suas fronteiras, dividindo sua riqueza material e seu espaço geográfico;
- criar mecanismos internacionais que tornem desnecessária a emigração em massa e adotar uma política de total tolerância e respeito com as culturas estrangeiras.

Qualquer análise realista demonstra que a entrada de todos os imigrantes que tentam ingressar na Europa provocaria uma desestruturação do quadro civilizatório do continente, que o estilo de vida do 1,5 bilhão de privilegiados ao redor do mundo não comporta os 6 bilhões de pessoas que estão do outro lado da *cortina de ouro*. Mas isso não justifica a brutalidade com que os imigrantes têm sido tratados.

Em um belo artigo intitulado "Traindo a nós próprios" e publicado no *New York Times International Weekly* em 29 de novembro de 2015, o jornalista norte-americano filho de imigrantes Nicholas Kristof compara a devolução de imigrantes sírios com a decisão dos norte-americanos e canadenses, em 1938, de devolver à Alemanha o navio *St. Louis* com centenas de judeus, muitos dos quais acabaram morrendo nas mãos dos nazistas. Ele cita o rabino Louis I. Newman, de Manhattan, que disse: "Os judeus não são comunistas. (...) O judaísmo não tem nada em comum com o comunismo." Hoje é preciso reafirmar que islamismo não é sinônimo de terrorismo. Ainda assim os políticos norte-americanos, subordinados à opinião pública, defendem nesses termos a recusa de qualquer imigrante sírio e chegam a afirmar que refugiados não devem ser aceitos nem mesmo se forem aleijados ou órfãos. De acordo com o artigo de Kristof, os candidatos republicanos à presidência criticam o presidente Barack Obama por ter aceitado receber até 10 mil imigrantes no período de um ano (o que representa apenas 1% do número de sírios que o Líbano acolheu).

Não devemos exigir dos europeus de hoje que ajam como os norte-americanos do Norte e do Sul agiram, abrindo as portas dos Estados Unidos para todos os estrangeiros que lá buscavam refúgio, mas podemos pedir que façam como fizeram os norte-americanos depois da Segunda Guerra: ajudaram os europeus a não precisarem emigrar. Depois de 1945, ao investir na recuperação da economia europeia, os Estados Unidos conseguiram diminuir a necessidade de migração de europeus vitimados pela devastação da guerra, além de barrar o avanço do comunismo e criar mercado para os seus produtos. Eles não impediram a imigração, simplesmente a tornaram desnecessária.

Hoje não seria tão fácil fazer algo assim quanto foi na época do Plano Marshall, porque então a Europa, mesmo destruída, tinha um potencial econômico e uma organização política latente, ética e eficiente. A Segunda Guerra destruiu o patrimônio material da Europa, mas o patrimônio intelectual permaneceu relativamente intacto entre os que sobreviveram e ficaram no continente durante os anos da guerra, preservando a capacidade e o potencial da Europa de voltar a prosperar em poucos anos. A África, explorada por séculos, não tem base política eficiente nem ética para que um programa de recuperação nos moldes do Plano Marshall seja implantado e muitos de seus principais dirigentes foram corrompidos financeira e ideologicamente pela Europa para servirem à dinâmica da economia capitalista global. Não há como repetir na África a estratégia do Plano Marshall, porque a pobreza europeia era resultado da devastação de um potencial de riqueza que se mantinha latente: a educação dos sobreviventes e o patrimônio cultural preservado.

Eduardo Galeano dizia que as veias dos países pobres da África, Ásia e América Latina foram abertas; na verdade, os neurônios de seus habitantes é que foram embotados quando se deixou de levar educação de qualidade a essas regiões. Se os colonialistas e seus sucessores locais tivessem aberto todas as veias, levado todo o ouro e a prata, mas deixado um povo educado, riquezas maiores seriam criadas no lugar dos metais. Lamentavelmente, a descolonização não mudou essa realidade: sessenta anos depois dos processos de independência na África, duzentos anos depois de os países da América Latina se livrarem do jugo colonial, as elites nacionais desses países continuam negando educação de qualidade a seus pobres.

Mas se tecnicamente é difícil que um plano nos moldes do Plano Marshall tenha eficácia na África, há outras formas de diminuir a necessidade de migração a partir dos países desse continente. A Europa pode, por meio de um programa de *transferência de renda condicionada à permanência dos adultos em suas aldeias e de seus filhos na escola*, criar um círculo virtuoso: promover a permanência dos adultos nos seus países de origem, estimular a frequência das crianças à escola e progressivamente dar origem a uma população educada. Dessa forma, será possível manter a identidade cultural e os privilégios sociais e econômicos da Europa sem abandonar a defesa de seus valores morais, combinados com a proteção humanista da população pobre da África, evitando os traumas dos deslocamentos ou da exclusão nos *bidonvilles* franceses, nos *slums* do mundo.

Se, além desse mecanismo de transferência de renda condicionada, construírem-se escolas de qualidade, em poucas décadas a imigração será substituída por uma convivência social sem exclusão geográfica e econômica. Essa alternativa pode se tornar possível por meio de investimentos diretos nos lugares de onde a pobreza e a guerra expulsam as pessoas.

O Brasil tem feito algo nos mesmos moldes com os habitantes pobres do Norte e Nordeste do país, que recebem renda condicionada à permanência deles em suas localidades de origem. Programas como esse já foram implantados em dezenas de países depois do seu início no Brasil, em 1995, com o nome de Bolsa-Escola, e de sua implantação em seguida no

México, com o nome de Progresa. Se o Bolsa-Escola e o Bolsa-Família tivessem sido implantados no Brasil ainda nos anos 1960/1970, as cidades brasileiras não seriam hoje as *monstrópoles* em que se transformaram. O mesmo vale para grandes cidades de países pobres, como Nairóbi, Calcutá, Mumbai, e centenas de outras com populações medidas em dezenas de milhões de habitantes, que não exibiriam os cenários trágicos de hoje. É uma alternativa mais decente e inteligente do que os gastos com o aparato de repressão para impedir a entrada de imigrantes na Europa, que custa bilhões de euros por ano. Não elimina a emigração induzida pelos erros e pelas crueldades das grandes potências ao provocarem guerras e dividirem países, como no caso da Síria, mas reduz substancialmente a emigração em busca da estabilidade e da riqueza da Europa. Estima-se que a migração de sírios por causa da guerra equivalha a 50% do fluxo atual de migração para a Europa; e mesmo essa migração poderia ser reduzida com programas similares de transferência de renda em cooperação com alguns dos países com os quais a Síria faz fronteira, como Turquia, Jordânia e Líbano.

A Europa recuperaria um sentimento de compaixão e de inteligência, promovendo um fluxo de transferência de renda para os africanos pobres e os refugiados sírios nesses países, em cooperação com seus governos. A ganhadora do Prêmio

Nobel da Paz, Malala Yousafzai, propôs em Londres, em fevereiro de 2016, a criação de um fundo de 1,5 bilhão de dólares destinados a garantir recursos para a educação de crianças sírias refugiadas. Outro detentor do mesmo Prêmio Nobel da Paz, Kailash Satyarthi, propõe um programa que organize a cooperação entre pessoas de um lado do *mediterrâneo social* e as pessoas do outro lado.

Há duas décadas estudos mostram que o dinheiro gasto com cada um dos policiais da fronteira nos Estados Unidos responsáveis por impedir a imigração de latino-americanos poderia financiar a manutenção de cem famílias ou quinhentas pessoas pobres na América Central, tornando a emigração desnecessária. Uma estimativa similar vale para o custo de cada soldado ou policial responsável por impedir a entrada de imigrantes na Europa, dinheiro que poderia manter até quinhentos africanos recebendo Bolsas de Fixação da Família em suas aldeias, sem necessidade de emigrar.

Há muitos desafios no caminho para transformar essa ideia em uma proposta viável administrativamente: uma espécie de Plano Marshall Social por meio de Transferência Condicionada de Renda apresenta dificuldades técnicas de gestão, mas não é impossível de ser implantado. Com o apoio da Agência das Nações Unidas para os Refugiados e com a força moral inspiradora da *teologia da harmonia* defendida por um papa, filho de europeus que atravessaram o Atlântico fugindo da pobreza na Itália, e que foram bem recebidos como imigrantes na Argentina, é possível. Um líder com sentimento social e força moral capaz de mobilizar o mundo por meio de sua encíclica *Sobre o cuidado da casa comum*.

Quando soube da nova encíclica do papa Francisco, lembrei-me de um judeu: meu professor Ignacy Sachs. Há 45 anos, em seus seminários na École Pratique des Hautes Études, em Paris, ele abriu meus olhos para os limites do crescimento devido às restrições físicas; para os riscos do avanço técnico e para as limitações do consumo supérfluo no sentido de fazer as pessoas mais felizes. Durante décadas, porém, aqueles que apontavam os limites do crescimento propondo um novo modelo de desenvolvimento foram rejeitados pela *teologia do crescimento*. A ideia do progresso como sinônimo de produção e consumo crescentes domina o pensamento social como uma doutrina religiosa. Recentemente, a escassez de recursos e as mudanças climáticas passaram a confirmar os limites físicos da natureza, com a desigualdade social crescendo a ponto de quase destruir o sentimento de semelhança entre os seres humanos e o vazio existencial e as crises econômicas mostrando os limites éticos do crescimento.

Quando o conceito de "decrescimento" passou a ser utilizado como alternativa para o progresso, os teóricos consideravam a ideia uma manifestação de insanidade. E, apesar da crise ecológica, a *teologia do crescimento* continuou dominando o pensamento social e a prática política; e as críticas ao crescimento como vetor do progresso humano continuaram sendo denunciadas como gestos sem sentido. Ao aventar a possibilidade de que a redução no crescimento seja compatível com a melhoria do bem-estar, fui acusado, por um leitor, de ter sido submetido a uma lobotomia. Na verdade, a insanidade está na voracidade do ciclo de produção e consumo que há quase cinquenta anos apresenta indicadores de esgotamento tanto físico quanto ético.

O mundo atual não tem estadistas porque os políticos estão divididos entre aqueles prisioneiros da lógica de um impossível crescimento econômico ilimitado e para todos, e aqueles considerados "lobotomizados" porque apresentam alternativas de futuro que negam as bases filosóficas e econômicas da civilização industrial. A nova encíclica do papa Francisco traz um raio de luz para o debate sobre um futuro desejável e possível para a humanidade. Sua fala pode pôr fim à escuridão do debate político no mundo atual. Ainda mais: ele oferece uma *teologia da harmonia* para substituir a *teologia do crescimento*.

Com sua encíclica, o papa Francisco se mostra sintonizado com a crise civilizatória e humanitária – desequilíbrio ecológico, divisão social, migração em massa, desemprego, violência, intolerância – e propõe a necessidade de construirmos uma nova civilização, na qual o crescimento seja um instrumento mas não o propósito em si, e o decrescimento da produção de alguns produtos em determinados lugares e para determinadas camadas da sociedade passe a fazer parte das estratégias de evolução humana. Com sua autoridade moral, ele contribui para que o debate não seja mais entre o socialismo, que não deu respostas, e o capitalismo, que deu respostas erradas, mas sim entre a civilização regida pela *teologia do crescimento* e a civilização orientada pela *teologia da harmonia*, dos seres humanos entre si e com a natureza que os sustém.

A maior dificuldade para um plano de *transferência condicional de renda* não é a gestão, nem a falta de recursos financeiros. Diferentemente dos Estados Unidos em relação aos europeus em 1945, a Europa de hoje, branca e cristã, não se sente semelhante aos africanos e sírios, que são em sua maioria pobres e seguem a mesma religião de terroristas, bárbaros criminosos que empreendem uma guerra cruel contra o Ocidente, apesar de para cada ocidental morto por um ato terrorista terem sido mortos centenas de muçulmanos nos últimos dez anos. A maior diferença entre europeus e imigrantes, porém, é a pobreza, porque os estrangeiros ricos, negros ou árabes, muçulmanos ou budistas, são bem-vindos na Europa, pois compram e fazem investimentos. É como se a semelhança fosse sobretudo uma questão de renda e de demografia: aceita-se como semelhantes aqueles que têm determinada renda, que são recebidos, até determinado número, como turistas e compradores, mas não como imigrantes. Além desse número e aquém de uma certa renda, são repudiados como imigrantes indesejáveis e dessemelhantes.

O programa de *transferência de renda condicionada* aliado ao esforço educacional poderia ser complementado por um programa de microcrédito que permitisse à população local desenvolver atividades produtivas. Em Bangladesh, em junho de 2001, vi o impacto do Grameen Bank sobre a população pobre por meio do financiamento das mais simples atividades produtivas. As famílias beneficiadas conseguiam desenvolver formas de subsistência e sentiam-se mais radicadas em sua região de origem. Em conversa com o professor Muhammad Yunus, no seu escritório na sede do Grameen, pude ver como pequenos financiamentos mudaram a vida das famílias e evitaram a necessidade de migração.

Lembro-me de que foi naqueles dias em que estive em Dhaka, capital de Bangladesh, que o norte-americano Timothy McVeigh foi executado por ter detonado uma bomba que matou 168 pessoas e feriu mais de seiscentas em

Oklahoma, número de vítimas maior do que o do ataque terrorista em Paris no dia 13 de novembro de 2015. No prédio destruído em Oklahoma funcionava uma creche, e várias crianças morreram na explosão. McVeigh realizou o atentado em 19 de abril de 1995 e foi executado seis anos depois, em 11 de junho de 2001, exatos três meses antes do ataque às Torres Gêmeas.

Depois de condenado à morte, ele desistiu dos últimos recursos contra a sentença. Recebeu uma injeção letal como se fosse um homem-bomba que se deixa executar depois de detonar o explosivo. Com exceção das referências religiosas, os argumentos usados por McVeigh contra o governo norte-americano, como se pode observar em suas entrevistas e cartas, correspondem aos argumentos dos terroristas muçulmanos. O psiquiatra de McVeigh, John Smith, disse que ele era "uma pessoa decente que permitiu que a raiva crescesse dentro de si até o ponto em que se viu perpetrando um terrível ato de violência". Não há raiva que justifique a cuidadosa racionalidade de um terrorista ao perpetrar seu ato maldito, porque todo ato terrorista é um ato contra a humanidade. Não há decência no terrorismo, não importa quais sejam suas motivações, mas o dr. John Smith deu essa explicação, tratando McVeigh como uma pessoa decente, que se deixou dominar pela raiva diante das maldades cometidas pelo governo do seu país contra os princípios de um liberalismo radical. Jamais um tratamento desse seria dado a terroristas do Oriente Médio que se rebelam e realizam atentados a bomba contra o que consideram os horrores ocidentais, ofensivos aos princípios do Corão e aos direitos dos povos árabes e dos muçulmanos. McVeigh, no entanto, não era árabe, nem muçulmano, assim como não o eram os terroristas católicos irlandeses do Sinn Féin ou os nacionalistas bascos do ETA, mas o Ocidente parece preferir esquecer esses terroristas para concentrar suas críticas nos árabes e muçulmanos.[1]

Por trás de cada tragédia em Nova York, Paris, Ancara, Bamako, Madri há falhas de segurança, mas um sistema absolutamente seguro jamais será possível. A guerra contra o terror precisa envolver segurança, justiça e a prisão de terroristas, mas é uma guerra que não será vencida apenas pelas armas. Será necessário vencer politicamente, empregando esforços nas relações com os povos em meio aos quais ela se origina; ideologicamente, cuidando das relações com outras culturas; e educacionalmente, investindo na formação das crianças e jovens do mundo, desde a infância.

---

[1] Em seu livro *American Terrorist: Timothy McVeigh and the Oklahoma City Bombing* (Nova York, Regan Books, 2001), os escritores Lou Michel e Dan Herbeck mostram a mente fria e detalhista de McVeigh, em nada diferente em seu fanatismo dos outros tipos de terroristas.

O Ocidente precisa entender por que um jovem nascido na França ou na Bélgica e educado em boas escolas cai na tentação absurda do terrorismo, defendendo valores religiosos que não fazem parte de sua formação. Mas também é preciso entender por que jovens ocidentais atiram a esmo nos colegas dentro de suas escolas privilegiadas. É preciso entender como funciona a fábrica do terrorismo desde a sua origem e quais são as responsabilidades do Ocidente, com suas sucessivas políticas, nesse processo.

As relações entre o Ocidente e o Islã seriam diferentes se há quase mil anos não tivessem ocorrido as barbaridades das Cruzadas contra os muçulmanos e árabes, tão bem descritas por Amin Maalouf no livro *As cruzadas vistas pelos árabes*.[2] Provavelmente o terror não teria a dimensão atual sem a derrubada do primeiro-ministro do Irã Mohammed Mossadegh, em 1953, por meio de um golpe orquestrado pela CIA. Se o Ocidente, especialmente os Estados Unidos, tivesse respeitado aquele governo de um líder secular democraticamente eleito, seria possível que o Irã tivesse se mantido neutro na Guerra Fria e que sua sociedade tivesse permitido a tolerância secular entre as religiões. Se a União Soviética não tivesse invadido o Afeganistão para impor um regime socialista em

---

[2] São Paulo, Brasiliense, 1988.

uma sociedade em sua quase totalidade islâmica; se o governo brutalmente autoritário e radicalmente ocidentalizado do xá Reza Pahlavi, apoiado por uma elite vergonhosamente egoísta, perdulária e distante do povo, não tivesse reprimido o islamismo, desapropriando os imãs e expulsado Ruhollah Khomeini, a revolução iraniana não teria tomado o rumo que tomou e provavelmente não teria sido uma das inspirações contemporâneas para o surgimento do movimento fundamentalista, cuja origem muitos localizam na derrubada do xá Pahlavi em 1979.

Em vez de continuar se deixando conduzir por uma arrogância vencedora de batalhas imediatas mas incapaz de promover a paz global, o Ocidente precisa entender seus erros e suas responsabilidades na polarização civilizatória. Perceber que foi capturado em uma armadilha cuja principal consequência acabou sendo a fabricação de fanáticos e terroristas. A guerra entre a civilização ocidental e os grupos terroristas é um exemplo de armadilha global que o progresso criou.

A armadilha do Bataclan
e a Europa cansada

A grande contribuição das massas de migrantes e da imagem do corpo do pequeno Aylan depositado pela água nas areias da Turquia será no sentido de despertar a Europa. Os europeus terão de escolher entre viver no modelo de riqueza indistribuível, segregados em um gueto de ricos, ou, dando-se conta de que o mundo inteiro não cabe na Europa, reorientar seu estilo de vida e seu conceito de progresso, levando esse novo estilo para o mundo, como fizeram com o atual modelo de civilização ocidental.

A Europa precisa perceber que o seu modelo civilizatório baseado no aumento da riqueza material se esgotou. É preciso mudar o propósito civilizatório, definir um modelo de bem-estar e felicidade com base na frugalidade, na austeridade e no convívio universal; adotar uma globalização socialmente includente no lugar da expansão econômica imperialista e excludente, iniciada com as grandes descobertas do século XVI, reafirmada com o imperialismo desde o século XIX e consolidada com a globalização econômica e cultural no final do século XX e começo do XXI.

Essa neoglobalização poderá ser orientada por dois propósitos: a diminuição da produção de determinados bens na busca de um mundo mais harmônico, mais justo e mais belo, e o respeito à diversidade que caracteriza e enriquece a humanidade, sem que nenhuma cultura prevaleça sobre as demais. Essa revisão do conceito de progresso ainda é rejeitada, mas continuar no rumo atual terá um custo devastador para a humanidade. Não apenas por causa do catastrófico impacto ambiental, mas também por causa da catástrofe representada pelo medo de uma globalização em que cada esquina é uma armadilha, como foram a casa de shows Bataclan, em Paris, as Torres Gêmeas, em Nova York, o hotel Radisson Blu, em Bamako, capital do Mali. Cada uma dessas armadilhas, além de custar a vida de pessoas, aprisiona a política em um círculo vicioso: o terror força a política a lutar contra o terror, empurrando novos desesperados para o terror.

A maior arma dos terroristas é a armadilha na qual começam a aprisionar a Europa. Transformaram uma casa de shows na expressão do terror, o que vitimou quase trezentos jovens de diferentes países, dos quais 89 perderam a vida. Com esse ataque, colocaram toda a Europa e seus líderes na armadilha de serem obrigados a vingar os jovens assassinados atacando as forças dos terroristas, ferindo e matando inocentes, "danos colaterais" na linguagem militar. Além disso, os europeus vão tomar medidas restritivas à imigração, tanto por causa da xenofobia, que naturalmente se acirrará, quanto dos preconceitos ampliados pelos ataques em Paris e pela necessidade de deter potenciais terroristas infiltrados entre os imigrantes. Tudo para defender privilégios e valores culturais que os europeus sentem ameaçados. O resultado dos efeitos colaterais e do tratamento dado aos imigrantes será uma ampliação do abismo entre as populações da Europa e do Oriente Médio. Em consequência, a guerra civilizatória se agravará, em um círculo vicioso em que todos perderão. Salvo os terroristas islâmicos, que morrerão acreditando estarem indo para o paraíso.

Atos bárbaros como os atentados acirram o antagonismo contra os imigrantes mesmo quando se sabe que eles mesmos estão fugindo de grupos terroristas, muitos dos quais apoiados em parte pelo Ocidente, em seus países de origem. Por isso, a primeira opção dos europeus parece ser impedir a entrada de imigrantes e reprimir seus malditos revoltosos. Não é apenas a Europa contra a África, mas também os ricos contra os pobres em todos os continentes e nações, separados não apenas por fronteiras geopolíticas, mas também por fronteiras sociais, em uma *apartação* ou *apartheid social* que está esgotando as sociedades nacionais, como aconteceu com a África do Sul do *apartheid*. A *Europa-Social* representa para o mundo o que os brancos sul-africanos representavam no passado e o que os ricos da atualidade, brancos ou negros, continuam representando, mesmo em países como o Brasil.

Como os regimes militares na América do Sul nas décadas de 1970 e 1980 ou como as atuais democracias postas excludentes latino-americanas, a Europa está cansada e perplexa. Exaurida pela dificuldade de manter um modelo que se apresentava como o experimento civilizatório definitivo, coroamento da história para toda a humanidade, e que agora se descobre impossível para todos; perplexa porque tem diante de si alternativas que negam seus propósitos, sejam éticos, sejam econômicos.

As expedições dos séculos xv e xvi levaram para a América europeus que derrotaram e aniquilaram as civilizações maias, incas e astecas. Mas não conseguiram ser tão devastadores com a civilização islâmica, mesmo subordinando-a por meio de diferentes formas de intervenção. As vitórias ocidentais deixaram parcelas dos povos islâmicos ainda mais enraivecidas e bem armadas, pois se apropriaram de armas criadas pela tecnologia ocidental. A situação ficou mais instável quando o sucesso capitalista derrotou a alternativa socialista soviética; e ainda mais quando os governos que controlavam as forças políticas nos países árabes foram derrubados. O fim da Guerra Fria fez surgir uma *paz quente* que acabou com o medo do assombro nuclear, mas provocou um clima de insegurança no mundo.

Sem a polarização da Guerra Fria, cada país sentiu-se livre para promover suas próprias guerras, especialmente as internas. No interior de cada nação, grupos radicais sectários passaram a usar armas aprendidas com o colapso de diferentes aliados do Ocidente, como aconteceu com os exércitos desmobilizados do Iraque e da Líbia e acontecerá se o Estado Islâmico derrotar Bashar al-Assad e se apropriar de suas armas. As vitórias ocidentais criaram seus adversários atuais e ainda os armaram, ao financiar o armamento dos talibãs contra os russos e do Estado Islâmico contra Assad e contra o mundo. (É possível que haja traços de dinheiro ocidental patrocinando os terroristas que atacaram Paris.) De posse dessas armas, e até mesmo usando seus generais, formaram-se grupos terroristas como Al-Qaeda e Estado Islâmico, que começam a atacar com potentes armas ocidentais: os Boeings que atingiram as Torres Gêmeas em Nova York e as metralhadoras que dispararam os tiros no Bataclan, em Paris.

Guerra fria, paz quente

Todos com mais de 40 anos lembram o mês de outubro de 1962, em que os EUA bloquearam Cuba. Durante dois dias, estivemos com a respiração suspensa no temor do fim do mundo por uma guerra nuclear entre as duas superpotências.

Menos de trinta anos depois, aquele dia parece perdido na história; uma distensão real começou a acontecer a partir do final da guerra do Vietnã; as mudanças do leste europeu consolidaram a realidade de fim da Guerra Fria.

Mas ao lado da esperança de que nunca mais volte a ocorrer um dia como aquele de 1962, temos todas as razões para temer que no lugar da Guerra Fria estejamos iniciando uma tensa e custosa paz quente.

O fim da Guerra Fria significa provavelmente o fim do risco de guerra nuclear entre superpotências, com toda a catastrófica dimensão destrutiva que isto representaria para a humanidade. Mas em um mundo dividido, o fim deste risco não significa ainda a paz desejada. Significa também o fim de um equilíbrio que servia para inibir guerras e deixava uma margem de liberdade para os que optavam pelo não alinhamento.

Sem emitir qualquer juízo de valor sobre os resultados obtidos, o fato é que foi graças ao equilíbrio entre as superpotências que foi possível a independência dos países africanos, a vitória em guerras de libertação na Ásia e mesmo o crescimento econômico nos países da América Latina. A reconstrução da Europa provavelmente não se teria dado com a rapidez e a força que ocorreu se a ameaça da URSS não forçasse os EUA a apoiarem aqueles países. A França de De Gaulle seria impossível se o quadro de distensão de hoje existisse no final dos anos 1950.

O mundo de hoje apresenta um total desequilíbrio de forças. Estamos começando um tempo em que o mundo terá uma única grande potência militar, com sinais de decadência na concorrência com seus aliados.

Isto levará os EUA a uma constante tentação ao uso da força militar.

Sob o pretexto de lutar contra as drogas, os EUA invadiram o Panamá e prenderam o presidente (ou ditador) que estava no governo. Meses depois, sob o pretexto de defender um pequeno país contra um invasor, deslocaram uma imensa força militar para a mais crítica e explosiva região do mundo.

Diferentemente de 1962, em que o bloqueio de Cuba quase levou a uma guerra nuclear, agora, para nossa imediata tranquilidade, os EUA dispõem da tolerância e mesmo do apoio das demais nações. Mas, se olharmos um pouco mais distante, podemos ver que o fim da Guerra Fria, longe de significar a paz, pode representar uma repetição de guerras.

O fim do risco da guerra nuclear pode substituir o medo de cada pessoa pela insegurança de cada nação.

A crise energética pode justificar invasões no Oriente Médio. A crise ecológica pode incentivar a internacionalização forçada da Amazônia. Para evitar a construção de bombas nucleares podem-se realizar bloqueios. O não pagamento da dívida pode servir de pretexto para anexações.

Seria absurdo não perceber o alívio e o clima positivo que significa o fim da Guerra Fria, mas seria estúpido não perceber os riscos da paz quente que se está iniciando.

Um país com a dimensão, a população e a responsabilidade do Brasil não pode deixar de perceber esta realidade e os riscos que ela nos traz. O fim do arriscado equilíbrio de antes tem que ser encarado com fortalecimento do sentimento de soberania e com a construção simultânea de um marco legal internacional que sirva de anteparo aos riscos do intervencionismo. Isso implica não ser tolerante com invasões de pequenos países como o Panamá ou o Kuwait, seja pelos EUA, seja pelo Iraque. Mas implica também não aceitar a existência de xerifes internacionais que usem seu poder para manter guerras, mesmo que sem o risco nuclear e com o disfarce de paz.[1]

---

[1] Artigo publicado no jornal *O Globo* em 3 de setembro de 1990.

A cidadela fatigada e o ausente grande romance do Mediterrâneo

No romance *Eldorado*, de Laurent Gaudé, a personagem central é uma jovem que, em 2004, emigra do Líbano para a Itália. Anos depois ela pede ao comandante do barco da guarda italiana que a salvara uma arma com o propósito de assassinar o dono do barco que a enganou, cobrando 3 mil dólares por adulto e 1.500 dólares por criança e depois abandonando todos no meio do Mediterrâneo, onde o filho dela, de um ano e meio, morreu de sede. Diante do pedido, o comandante diz:

– Você vai arruinar a sua vida.

Ao que ela responde com triste ironia:

– Que vida?

O comandante Salvatore Piracci simboliza os europeus. No seu barco da guarda italiana, ele próprio é um caçador de imigrantes no mar. Sua vida é tomada de angústia, bem explicitada quando um dos imigrantes tenta suborná-lo com alguns dólares para que ele permita seu ingresso na Europa. O comandante recusa, mas pouco depois se arrepende, não pelo dinheiro perdido, e sim pela diferença que teria feito na vida daquela pessoa se a tivesse abrigado no lado europeu.

Eu não paro de me lembrar e de pensar no olhar que me lançou aquele homem antes de descer da fragata. Aquele a quem eu disse "não". Não quero continuar nesta posição. Se isso se repetir amanhã ou nos próximos cinco anos, não hesitarei outra vez. Eu o esconderei. Tentarei esconder o maior número de pessoas na minha cabine, mas não cabem todos. Não conseguirei salvar a todos. Como vou escolher? Por que este e não outro? Isso vai me deixar louco. Não quero esse poder sobre a vida dos outros. Não posso mais suportar aqueles olhares, suplicantes em um minuto e cheios de desapontamento no minuto seguinte. Aqueles olhares de medo e de devastação. Eu não quero mais.

No livro, o autor diz: "Ele se sentia esgotado, como um velho, enquanto ao redor os jovens se agarram à chance de atravessar o Mediterrâneo para entrar na Europa." E dá voz ao comandante: "Um velho, eis no que me tornei. E os jovens que intercepto são sempre mais fortes. Eles têm nos músculos a força e a autoridade de seus 20 anos. Tentam passar e tentarão outra vez e outra e outra se for preciso. Tentarão até conseguirem." E diz mais: "O guarda da cidadela estava exausto enquanto os invasores eram cada vez mais jovens."

Essa é a reflexão de um comandante de fragata ficcional, mas é também a de um habitante real da Europa ou de um habitante do *primeiro-mundo-internacional-dos-ricos*. Salvatore Piracci é o representante europeu de um modelo superado, exaurido, seja pela velha ética da igualdade, esgotada, seja pelos limites ao crescimento.

A juventude dos imigrantes não se deve apenas ao fato de os velhos ficarem em suas aldeias esperando a morte, mas também à taxa de natalidade nos países pobres ser muito maior do que na rica Europa, condenada a ser inundada por imigrantes ou a ter de assumir dessemelhantes e conter uma explosão demográfica, barrando os que se atrevem a chegar. Isso não ocorre apenas com a Europa continental, mas também com a *Europa-Social* dos ricos rodeados de pobres, dos israelenses rodeados de palestinos, dos ricos do Brasil e de cada país da América Latina, Ásia, África, todos protegidos por mediterrâneos invisíveis.

Com seu livro, Gaudé ainda não é para o Mediterrâneo de hoje o que foi Primo Levi, com o livro *É isto um homem?*, no qual descreve os horrores de Auschwitz; ou Alexander Soljenítsin, com o *Arquipélago Gulag*, sobre os horrores dos campos de prisioneiros do regime soviético; ou Svetlana Aleksiévitch, com *Vozes de Tchernóbil: a história oral do desastre nuclear*, sobre os horrores provocados pelo acidente de Chernobyl.

Talvez ninguém na Europa vá escrever o Grande Romance do Mediterrâneo, porque o escritor teria que estar entre os imigrantes, e não entre os europeus que olham assustados para o vultoso fluxo migratório: com preconceitos contra os islâmicos, com medo do terrorismo e sem querer dividir privilégios nem perder a identidade.

Talvez não seja por acaso que o magistral filme *Elysium* tenha sido dirigido por um diretor sul-africano, Neill Blomkamp, antes da crise da migração através do Mediterrâneo ter explodido, nos últimos anos. Em *Elysium* os ricos fogem para proteger os benefícios do progresso, alojando-se em um anel espacial, longe dos pobres, que ficam em solo terrestre. No filme, toda a superfície do planeta é uma imensa África, distante dos privilegiados, que gravitam em uma Europa no espaço. Sonho provável de milhões de europeus que desejam evitar a tragédia dos imigrantes sem barrar os pobres, apenas se afastando deles. Quarenta anos atrás, em uma bela visão distópica, Ignácio de Loyola Brandão escreveu o livro *Não verás país nenhum*, no qual uma cidade brasileira, em uma metáfora antecipadora da realidade mundial, constrói barreiras para separar pobres de ricos.

Triste Mediterrâneo: em busca de uma nave para o futuro

Claude Lévi-Strauss escreveu *Tristes trópicos* mas não teve tempo de escrever *Triste Terra, triste humanidade*. A característica predominante no mundo de hoje é a tristeza: dos que estão ao sul do Mediterrâneo, assolados pela escassez decorrente da pobreza; dos que estão ao norte, abatidos pela vergonha ao perceberem que era falsa a promessa da abundância para todos, ao sentirem a necessidade de expulsar os intrusos que chegam fugindo da escassez, ao saberem dos limites ecológicos do progresso, do fracasso existencial de suas sociedades e ao se recusarem à austeridade como forma de abrigar a todos em um novo modelo de prosperidade no qual deixaria de haver excesso de consumo e as pessoas conviveriam até mesmo com a possibilidade de decrescimento econômico.

Alguns já percebiam isso: John Maynard Keynes, com *How Much Is Enough* [Quanto é suficiente?]; John Kenneth Galbraith, com *A sociedade da abundância*; Celso Furtado, com *O mito do desenvolvimento econômico*; Ignacy Sachs, com a ideia do "ecodesenvolvimento"; o Clube de Roma, com a constatação dos "limites do crescimento". Todos no passado apelidados pejorativamente de neomalthusianos. Agora a realidade lhes dá razão: as mudanças climáticas evidenciam os riscos ecológicos do progresso e a *metáfora mediterrânea* mostra a face perversa da impossibilidade de tudo ofertar para todos e nos apresenta o desafio de fazer a transição de "tudo para poucos" para "o possível para todos".

O mundo está entristecido diante das ameaças ecológicas, das crises econômicas, das migrações em massa, da *paz quente*, das epidemias globais, do terrorismo, do fim da privacidade, da ampliação da desigualdade, da ascensão das máquinas inteligentes, descartando os trabalhadores. E sem uma utopia alternativa que fascine os que vivem excluídos na pobreza, seduza os que estão incluídos na modernidade e inspire um futuro promissor para a humanidade. Talvez esse seja o maior dos afogamentos na *metáfora mediterrânea*: o afogamento político por falta de esperança. Estamos todos à deriva no mar e sem bússola, sabendo que um enorme iceberg produzido por nós mesmos, o conhecimento-sem-

-ética-a-serviço-da-voracidade-do-consumo-e-da-ganância--do-capital, se aproxima em rota de choque: o mundo insustentável, injusto e excludente que inventamos e tornamos real com nossa inteligência brilhante, feroz e suicida, esse mundo que o Mediterrâneo furioso e tomado pela melancolia nos mostra, como se fosse apenas mais uma metáfora grega, o lugar onde nossa civilização começou e onde agora mostra seu esgotamento.

O neurologista Oliver Sacks, ao descrever seu estado clínico diante de um câncer, em um artigo publicado no *New York Review of Books*, fala do "sentimento geral de desordem" que nos acomete de vez em quando, indicando a ocorrência de um problema de saúde. Segundo ele, todo organismo vivo, seja um elefante ou um simples protozoário, só se mantém vivo graças a uma permanente regulação interna. Essa regulação constante chama-se homeostase. "A regulação homeostática é conseguida por meio do desenvolvimento de células nervosas e redes neuronais espalhadas pelo nosso corpo (...).”[1] No artigo ele cita António Damasio e seu livro *The Feeling of What Happens*,[2] segundo o

---

[1] "A general feeling of disorder", *New York Review of Books*, 23 de abril de 2015, pp. 4-6.
[2] Publicado no Brasil pela Companhia das Letras com o título *O mistério da consciência*.

qual as pessoas têm consciência do mal-estar, da enfermidade, quando a homeostase não está sendo mantida.

 É o que está acontecendo com o imenso organismo vivo chamado humanidade e sua relação com o meio ambiente. Há uma espécie de falha homeostática no conjunto homem-natureza. A humanidade vem sofrendo do "sentimento geral de desordem", como um organismo em profunda crise por falta de homeostase. Amin Maalouf descreve isso em seu livro *O mundo em desajuste*.[3] O economista Thomas Malthus e alguns filósofos pessimistas do século XIX, como Arthur Schopenhauer e Friedrich Nietzsche, já alertavam para esse estado de ânimo coletivo; no século XX, Sigmund Freud escreveu um livro intitulado *O mal-estar na civilização*; Oswald Spengler escreveu sobre a decadência do mundo ocidental – entretanto, o avanço técnico e a globalização trouxeram um alívio otimista para o fim do século XX e o início do XXI. Até que o mundo ficou novamente pessimista, assustado e triste, por força do avanço técnico descontrolado. O mesmo avanço que desbancou a visão pessimista de Malthus criou a realidade que despertou os chamados neomalthusianos e começa a despertar a população mundial. Além disso, são os modelos matemáticos, os dados estatís-

---

[3] Difel, 2011.

ticos e os processadores de dados que permitem, desde os anos 1960, perceber cientificamente os limites do crescimento. No Mediterrâneo nasceu a ciência que permitiu a crise e sua constatação teórica; agora, no Mediterrâneo, a onda migratória mostra a dimensão dessa crise. Falta escolher o caminho, qual esquina dobrar na encruzilhada em que a humanidade está.

Considera-se de autoria do escritor H. G. Wells a frase "A história da humanidade é cada vez mais a disputa de uma corrida entre a educação e a catástrofe." Isso é ainda mais rigoroso hoje, desde que se busque educar para a tolerância. A humanidade tem de escolher entre a catástrofe e a educação universal para a tolerância, a convivência e a harmonia entre os seres humanos e dos seres humanos com a natureza, como um só organismo com funções diferentes, de um lado ou do outro do Mediterrâneo. Uma educação que se antecipe à *pedagogia da catástrofe* e adote o que Ulisses Riedel vem promovendo como *pedagogia das virtudes*.

Chama-se *pedagogia da catástrofe* o conjunto de lições tiradas de tragédias em geral anunciadas mas desprezadas até que aconteçam. As populações das grandes cidades estão passando por um aprendizado desse tipo. Depois de anos desperdiçando água e poluindo rios, investindo em asfalto e estádios em vez de reservatórios, sem ensinar nas escolas o respeito às água e às demais preocupações ambientais, só agora a população começou a conservar água.

A *pedagogia da catástrofe* funciona para alguns, mas o povo e os governos, aparentemente, não aprendem, seguem de olhos fechados e mesmo diante dos desastres continuam resistindo às necessárias políticas de correção de rumo.

No Brasil, tudo indica que precisaremos da catástrofe de um engarrafamento generalizado para percebermos o erro da opção do transporte com base no automóvel privado; e de uma guerra civil em todas as ruas das cidades para admitirmos a violência criada por um modelo de desenvolvimento centrado no crescimento econômico, concentrando a renda, relegando a educação e a construção de harmonia social a último plano. A crise ecológica talvez só seja verdadeiramente enfrentada quando o aquecimento global já tiver provocado todos os desastres planetários que se anunciam, mas que população e líderes se negam a enxergar.

Aparentemente estamos em um tempo em que argumentos não têm papel pedagógico; só as catástrofes são capazes de convencer. O mundo parece ter apenas duas cores e estar parado no tempo; as análises que procuram mostrar as diferentes nuances dos problemas e prever suas consequências são recusadas. Há uma clara preferência pelas ilusões instantâneas no lugar da realidade em movimento, e quando a *pedagogia da catástrofe* despertar a consciência, corrigindo os erros, talvez o preço a pagar seja muito alto.

Dez mil anos se passaram desde que, entre o Tigre e o Eufrates, antepassados de Aylan desenvolveram a agricultura e construíram as primeiras cidades, e 2.400 anos desde que no Mediterrâneo surgiu o pensamento lógico e os seres humanos se dedicaram a raciocinar e agir intelectual e politicamente na construção das maravilhas que deslumbram e tornam a vida confortável. Dois mil e quatrocentos anos se passaram entre as caminhadas de Platão em uma praia no Mediterrâneo e o corpo do pequeno Aylan sendo achado em outra praia ali perto. No século XXI, a marcha da humanidade provoca o derretimento do gelo nos polos e cordilheiras e a tragédia da migração na tentativa de atravessar o *mediterrâneo geográfico* para cruzar o *mediterrâneo social*.

Um dia, voando de Madri para Rabat, vi que a travessia de um lado ao outro do Mediterrâneo no estreito de Gibraltar levava poucos minutos; entre Tânger e Algeciras são apenas 45 minutos de barco. E me surpreendo ao perceber os séculos de distância no padrão de riqueza e na qualidade de vida. Diferença maior senti depois das poucas horas de voo entre Porto Príncipe, no Haiti, e Nova York, nos Estados Unidos. Mas o maior susto foi a percepção ao mudar de quarteirão em qualquer uma dessas cidades: eu atravessava distâncias sociais tão grandes quanto entre a Europa e África. O Mediterrâneo está dentro de cada cidade, separando seus moradores.

Nosso desafio é construir pontes que atravessem as brechas do atraso e barcas que cruzem as brechas da desigualdade.

É hora de a humanidade corrigir o rumo da civilização, buscar o fim da exclusão social, adquirir o gosto pela diversidade, pelo equilíbrio com a natureza: pensar e agir no sentido de construir um novo conceito de progresso, baseado em um novo humanismo.

A escola, e só a escola, pode levar à travessia da *cortina de ouro*. A educação é a barca que permitirá atravessar os mediterrâneos. A educação permitirá a cada indivíduo cruzar a *cortina de ouro*, atravessar o *mediterrâneo social*; e só quando todos os seres humanos tiverem acesso à educação será possível a verdadeira travessia: a mudança dos conceitos de progresso e a tolerância entre todas as culturas; aliás, mais do que tolerância, o sentimento de que a *diversidade sem exclusão* enriquece a humanidade.

O Mediterrâneo onde foi criada a educação na sua concepção básica atual, induzindo o mundo a garantir escola para todas as crianças, agora nos desperta para a necessidade de oferecer a todas as crianças uma escola capaz de ensinar a deslumbrar-se com as belezas do mundo por meio da arte; a entender as coisas do mundo por meio da ciência; a indignar-se com as injustiças e maldades do mundo por meio da ética; a ser tolerante com o outro e suas manifestações culturais, por meio da filosofia; a conhecer a realidade do planeta e da humanidade, por meio da geografia e da história. E além de tudo isso, também aprender um ofício que permita exercer profissões que transformem a realidade, produzindo bens e serviços para assegurar conforto aos seres humanos; aprender a ver o ser humano como parte da natureza e zelar pelo equilíbrio ecológico; aprender a viver com saúde física e social, em convívio pacífico com todos os nossos vizinhos; aprender a ser comprometido com o mundo e agir para mudá-lo por meio da atividade política democrática.

Em abril de 2010, antes de a crise de migração em massa ocupar as praias gregas, estive em Atenas acompanhando a crise financeira que paralisava a Grécia. Em uma conversa com um professor de economia, ouvi dele o que pode ser, na prática, uma alternativa ao modelo da riqueza ocidental. Sem constrangimento nem sofrimento, ele me disse que o governo havia reduzido seu salário e sua carga de trabalho em 40%. Perguntei como sobrevivia, e ele me respondeu de maneira simples e direta: "Primeiro, renegociei o aluguel deste apartamento. O proprietário aceitou porque não encontraria com facilidade outro inquilino para pagar o mesmo valor que eu pagava; segundo, tirei meu filho da escola particular e estou usando meu tempo livre para ajudar na escola pública onde ele agora estuda; terceiro, parei de usar meu carro e passei a utilizar o transporte público, que vai mais rápido graças à redução de automóveis em circulação; quarto, fiquei mais parcimonioso na compra de supérfluos."

Essa é uma declaração clara de austeridade feliz, de decrescimento por um mundo melhor.

A impossibilidade do acesso de todos os habitantes da Terra aos bens e serviços que caracterizam o consumo dos habitantes do *primeiro-mundo-internacional-dos-ricos* exige uma nova proposta utópica: uma sociedade mundial na qual todos disponham do mínimo para uma sobrevivência digna e ninguém tenha o direito de consumir além dos limites permitidos pelo equilíbrio ecológico, todos dispondo de uma escada social que permita sua ascensão conforme sua vocação, seu talento e esforço. A figura III, a seguir, mostra essa utopia por meio de um diagrama.

FIGURA III

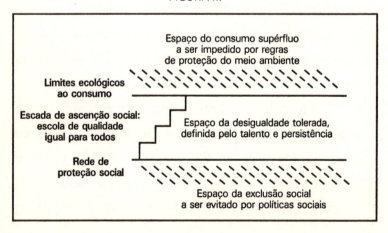

Do encontro do Tigre e do Eufrates e dos emigrantes em fuga pelo Mediterrâneo pode surgir um novo progresso alternativo à divisão do mundo entre a pobreza desvalida e a riqueza indistribuível, por meio de um programa mundial de ensino para todas as crianças de toda a humanidade, formando cidadãos de um mundo globalizado educados para a tolerância e a solidariedade, respeitando e valorizando a natureza. Do Mediterrâneo pode surgir outra vez um novo rumo: um programa mundial de educação, financiado pelo lado rico europeu para atender a todas as populações do mundo.

A interrupção da caminhada de Aylan, ao despertar a humanidade para a necessidade de reorientar sua própria caminhada histórica, pode vir a ser a nova obra do Mediterrâneo.

A esperança de outra chama provisória: um monumento pela paz nos dois lados de cada Mediterrâneo invisível

No altar a céu aberto que caracteriza o Parque Memorial da Paz, em Hiroshima, há um monumento geométrico em forma de mãos abertas, como se estivessem soltando uma pomba. No centro, no que seria o encontro entre as palmas das mãos, onde deveria estar a pomba sendo libertada, há uma chama acesa com data marcada para ser apagada: no dia em que a última bomba atômica do mundo for destruída. No mundo ainda há 15.695 bombas atômicas espalhadas por nove nações, então é possível que a chama em Hiroshima ainda permaneça acesa por décadas.

Mesmo assim, essa chama certamente será apagada antes de outra: quando o último migrante fugindo da pobreza ou da guerra for abrigado e todos os seres humanos tiverem atravessado os mediterrâneos que os separam da sobrevivência em paz e acima da linha da pobreza. É possível que ainda tenhamos de esperar séculos antes de essa outra chama ser apagada. Até lá, pelo menos façamos um monumento aos mediterrâneos invisíveis e suas vítimas. E continuemos tentando. Esta reportagem-reflexão é uma tentativa.

Enquanto a Grécia antiga nos ensinava a pensar, refletir e sentir, do outro lado do Atlântico, isolados no altiplano dos Andes, um grupo indígena que se intitulava aymara professava coisas que se aplicam perfeitamente ao caótico, perverso e mesmo assim *admirável mundo atual*. Segundo eles, sete tipos de paz devem nortear o comportamento de cada cidadão do mundo.

A primeira é a paz em relação ao passado: não carregar remorsos nem arrependimentos; eles definem essa paz como algo para a frente, porque o passado é conhecido. A segunda paz é para trás; olhando para o futuro, não ter medo assombrando o caminho. A terceira paz é para baixo, com a terra, onde vivemos e de onde tiramos o sustento. Hoje, na Era Antropocena, é preciso estar em paz com toda a Terra, respeitando o equilíbrio ecológico.

A quarta é para cima, com os espíritos e com os antepassados: com a história da humanidade. A quinta é para a direita, com a família. Do lado esquerdo, a sexta paz, com a comunidade, que hoje deve ser com todas as comunidades do planeta. E a sétima paz é para dentro, a paz consigo mesmo.

Só faltou dizer que a paz de um lado depende da paz nos outros lados dos mediterrâneos visíveis e invisíveis.

OBRAS PUBLICADAS POR CRISTOVAM BUARQUE

Ensaios

A desordem do progresso – o fim da era dos economistas e a construção do futuro. Rio de Janeiro: Paz e Terra, 1991. [Traduzido para o inglês.]

A revolução na esquerda e a invenção Brasil. Rio de Janeiro: Paz e Terra, 1992.

O que é apartação: o apartheid social no Brasil. São Paulo: Brasiliense, 1993.

O colapso da modernidade brasileira. Rio de Janeiro: Paz e Terra, 1998.

A cortina de ouro – os sustos do final do século e um sonho para o próximo. Rio de Janeiro: Paz e Terra, 1998. [Traduzido para o inglês e para o espanhol.]

Os tigres assustados – uma viagem pela fronteira dos séculos. Rio de Janeiro: Rosa dos Tempos, 1999.

A aventura da universidade. Rio de Janeiro: Paz e Terra, 2000.

A revolução nas prioridades – da modernidade técnica à modernidade ética. Rio de Janeiro: Paz e Terra, 2000.

Admirável mundo atual – dicionário pessoal dos horrores e esperanças do mundo globalizado. São Paulo: Geração Editorial, 2001.

Os instrangeiros – a aventura da opinião na fronteira dos séculos. Rio de Janeiro: Garamond, 2002.

A segunda abolição – um manifesto-proposta para a erradicação da pobreza no Brasil. Rio de Janeiro: Paz e Terra, 2003.

O que é educacionismo. São Paulo: Brasiliense, 2008.

Frases educacionistas. Brasília: Senado Federal, 2009.

A revolução republicana na educação. Brasília: Senado Federal, 2011.

Desafios à humanidade: perguntas para a Rio+20. Curitiba: IBPEX, 2012.

Educação é a solução. É possível!. Brasília: Senado Federal, 2012.

Da ética à ética – minhas dúvidas sobre a ciência econômica. Curitiba: IBPEX, 2012.

O erro do sucesso – a civilização desorientada e a busca de um novo humanismo. Rio de Janeiro: Garamond, 2014.

A universidade na encruzilhada. São Paulo: Unesp, 2014.

Ficção

Astrícia. Rio de Janeiro: Civilização Brasileira, 1984. [Traduzido para o inglês e o espanhol.]

A eleição do ditador. Rio de Janeiro: Paz e Terra, 1988.

Os deuses subterrâneos – uma fábula pós-moderna. Rio de Janeiro: Record, 1994. [Traduzido para o inglês e para o húngaro.]

A ressurreição do general Sanchez. São Paulo: Geração Editorial, 1997.

Coletânea de artigos

Sou insensato. Rio de Janeiro: Garamond, 2007.

Educação: uma nota só – artigos educacionistas selecionados de revistas e jornais (2007 a 2011). Brasília: Senado Federal, 2013.

As cores da economia – artigos sobre economia selecionados de jornais e revistas (2007-2011). Brasília: Senado Federal, 2013.

História

Educacionismo, educacionista. Brasília: Senado Federal, 2008. [Traduzido para o inglês.]

"O futuro de um país tem a cara de sua escola no presente" – e outras frases educacionistas. São Paulo: Brasiliense, 2012.

Dez dias de maio em 1888. Brasília: Senado Federal, 2015.

Biografia e entrevista

Foto de uma conversa – Celso Furtado e Cristovam Buarque. Rio de Janeiro: Editora Paz e Terra, 2007.

Bolsa-Escola – História, teoria e utopia. Brasília: Thesaurus, 2012.

Infantojuvenis

O tesouro na rua: uma aventura pelos 500 anos da história econômica do Brasil. Rio de Janeiro: Galera, 2008.

A aventura da universidade. Rio de Janeiro: Paz e Terra, 2000.

A borboleta azul. Rio de Janeiro: Galerinha Record, 2008.

A rebelião das bicicletas e outras histórias. Rio de Janeiro: Garamond, 2013.

Poesia

Um livro de perguntas. Rio de Janeiro: Garamond, 2004. [Traduzido para o espanhol.]

O berço da desigualdade (com Sebastião Salgado). Unesco, 2005.

Manifesto

Reaja! Rio de Janeiro: Garamond, 2012. [Traduzido para o turco.]

Técnicos

Avaliação econômica de projetos – uma apresentação didática. Rio de Janeiro: Campus, 1994.

Este livro foi composto na tipologia DanteMT Pro,
em corpo 12/19,2, e impresso em papel off-white no
Sistema Cameron da Divisão Gráfica da Distribuidora Record.